ETWAS MUSS MAN DOCH FÜRS HERZE TUN

ETWAS MUSS MAN DOCH FÜRS HERZE TUN

*Tierische Weihnachten
mit Vicki Baum, Hans Fallada,
Friedrich Wolf u.a.*

Herausgegeben von Nele Holdack
und Catrin Polojachtof

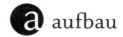

ISBN 978-3-351-03833-5

Aufbau ist eine Marke der Aufbau Verlag GmbH & Co. KG

1. Auflage 2020
© Aufbau Verlag GmbH & Co. KG, Berlin 2020
Hinweise zu den Inhabern der Originalrechte am Schluss des Bandes
Umschlaggestaltung www.buerosued.de, München
unter Verwendung mehrerer Motive von
© Look and Learn/Bridgeman Images und FinePic®, München
Satz LVD GmbH, Berlin
Druck und Binden CPI books GmbH, Leck, Germany
Printed in Germany

www.aufbau-verlag.de

Inhalt

Vicki Baum
Der Weihnachtskarpfen
7

Erwin Strittmatter
Der Weihnachtsmann in der Lumpenkiste
29

Janosch
Der Bär und der Vogel
35

Hans Fallada
Der Gänsemord von Tütz
41

John B. Keane
Der Weihnachtsganter
53

Friedrich Wolf
Die Weihnachtsgans Auguste
64

Erwin Strittmatter
Ponyweihnacht
79

Oskar Maria Graf
Die Weihnachtsgans
86

Ludvik Askenazy
Der lebendige Weihnachtsbaum
95

Hans Fallada
Lüttenweihnachten
98

Herbert Rosendorfer
Der Weihnachtsdackel
108

Quellennachweis
121

Vicki Baum

Der Weihnachtskarpfen

*F*ür die Lanner-Kinder fing Weihnachten am 6. Dezember an, weil das der Tag war, an dem Santa Claus kam. Natürlich wurde er in Wien nicht Santa Claus, sondern mit seinem italienischen Namen genannt: Nikolaus. Der Nikolaus war ein freundlich aussehender alter Herr mit einem gütigen Lächeln, das hinter einem langen weißen Bart versteckt war; er war mit dem Festgewand eines Bischofs bekleidet und trug einen Bischofsstab in der Hand. Das Aufregende für alle österreichischen Kinder war, dass mit dem Sankt Nikolaus – und als sein böses Pendant – ein haariger schwarzer Gefährte kam, der Ruprecht genannt wurde. Der Knecht Ruprecht war ein Teufel mit Hörnern; er hatte eine lange feurige Zunge, die aus seinem schwarzen Gesicht heraushing, und einen höllisch aussehenden Dreizack in der Hand, mit dem er böse Kinder aufspießen konnte. Lange vor Dezemberanfang konnte man Nikolaus und

Ruprecht in allen Schaufenstern sehen, doch in der Nacht zum Sechsten kamen sie wirklich in der Stadt an. An dem Abend stellten die Lanner-Kinder ihre Schuhe ins Fenster, ihre kleinen Hände zitterten, ihre Herzen pochten. Sie fürchteten das Schlimmste, hofften aber das Beste. Denn war man artig gewesen, würde man die Schuhe am Morgen voller kandierter Früchte, Datteln, Feigen und Nüsse finden; war man jedoch böse gewesen, würde Nikolaus den Schuh leer lassen und Ruprecht eine Birkenrute hineinstecken, um darauf hinzuweisen, dass die Eltern sie besser einmal auf dem Hinterteil gebrauchten.

Im Lanner-Haus gab es drei Kinder: Friedel, der Älteste, ein kleiner wilder Kerl mit blauen Augen, schwarzem Haar und glühenden Wangen, und die Zwillinge Annie und Hans. Annie war ein fröhliches, emsiges, geschäftiges kleines Frauchen, und Hans war ihr schüchterner und ergebener Schatten. Für alle drei bedeutete der sechste Dezember nicht nur Nikolaus und Ruprecht, Süßigkeiten oder Rute, sondern viel wichtiger noch: es war der Tag, an dem Tante Mali vom Land kam. Lange Zeit betrachteten die Lanner-Kinder Tante Mali sogar beinahe als die dritte Person in dieser Dreiheit, und es war ihnen nie ganz klar, ob Tante Mali ihnen vom Himmel oder von der Hölle geschickt wurde.

Tante Mali war ein Original. Sie war groß und dünn

und von solcher Geschwindigkeit und Energie, als wäre sie nicht mit dem Zug nach Wien gekommen, sondern auf einer Rakete in die Stadt geschossen worden. Soweit die Kinder sich zurückerinnern konnten, war sie immer grau und alt gewesen; aber während sie selbst heranwuchsen, verschiedene Stadien von Schulschwierigkeiten, unreiner Haut, tagträumender Adoleszenz und erster Backfischliebe durchmachten, schien Tante Mali nie einen Tag älter zu werden, als sie immer gewesen war.

Tante Mali kam vom Land; sie war tief religiös und sehr streng; sie ließ nicht zu, dass ihr widersprochen wurde, nicht einmal von Dr. Lanner, der einer der besten Chirurgen Wiens und eine Kapazität war und es selbst nicht mochte, wenn ihm widersprochen wurde. Tante Malis Launen waren von der ganzen Familie gefürchtet, und alles wurde getan, um ihren Zorn zu besänftigen. Kurz, Tante Mali war ein Diktator, lange bevor die Welt sich der Diktatur bewusst geworden war.

Erst nachdem Tante Mali angekommen war, ihre große Schürze umgebunden und in der Küche das Regiment übernommen hatte, konnte Wien sich ernsthaft dem Geschäft der Weihnachtsvorbereitungen widmen – so kam es zumindest den Kindern vor. Es konnte kein reiner Zufall sein, dass jedes Jahr am Tag der Ankunft Tante Malis der Weihnachtsmarkt sich auf dem dafür vorgesehenen Platz in der Stadt ausbreitete – ein glitzerndes, klirrendes, duftendes Durcheinander von Ständen und Buden, gefüllt mit all dem Drum und Dran für die Feiertage und voller Süßigkeiten, Kerzen, Schmuck, Verheißung und Aufregung.

Tante Mali richtete sich in der Küche ein, öffnete ihre schwarze Wundertasche und zauberte eine Fülle an Gewürzen und Zutaten daraus hervor, eine Wolke von Weihnachtsgerüchen, und, das Faszinierendste von allem, das BUCH. Das Buch war sehr alt, und manche Seiten waren von Generationen ehrgeiziger Frauen der Lanner-Familie so oft durchgeblättert und abgegriffen worden, dass sie nur noch Fetzen waren. Das Buch war am 25. Dezember 1798 von einer Anna Maria Amalia Lanner, der Urgroßmutter Tante Malis, begonnen worden. Das Datum konnte man noch auf der ersten Seite sehen, in Anna Maria Amalias schnörkeliger Handschrift niedergeschrieben und gefolgt von einem schön gemalten: »!!!Gott sei mit uns!!!«

Das erste Rezept, das sie in ihr Buch eingetragen hatte, war für einen Kuchen mit dem Namen Guglhupf, unerlässlich bei jeder festlichen Gelegenheit in Wien, und es erforderte so viele Eier und so viel Butter, dass es Mutter schwindlig machte, oder zumindest behauptete Frau Lanner es. (Mutter, Dr. Lanners Frau, war diejenige, von der der kleine Hans sein feines und schüchternes Betragen und seine gefügige kleine Seele geerbt hatte.) Diesem ersten Rezept folgten andere, niedergeschrieben von Anna Maria Amalias Töchtern und Schwiegertöchtern, von Nichten, Enkelinnen und Urenkelinnen, von einer Kette weiblicher Nachkommen, alle gute Köchinnen, wie die meisten Österreicherinnen.

In gewisser Weise spiegelte das Buch die Hochs und Tiefs der Familie wie der Zeiten wider, und mancher junge Soziologe hätte es gut als Grundlage seiner Magisterarbeit verwenden können. Den Kindern bereitete es unendlichen Spaß, sich von ihrer Mutter aus den bekritzelten Seiten vorlesen zu lassen. Sie konnten über die zwölf Eier und fünf Pfund Butter, die in Anna Maria Amalias einfachen kleinen Guglhupf kamen, genauso lachen wie über die Rezepte, die Tante Mali persönlich während des Weltkriegs eingetragen hatte, als es in Österreich keine Lebensmittel gab und die Leute Kuchen aus Möhren und schwarzen Bohnen machten.

Tante Mali machte sich mit klappernden Töpfen und Pfannen in Wolken von Mehl grimmig an die Arbeit. Mehl bedeckte ihre Wimpern, Schokolade war über ihre gestärkte weiße Schürze gekleckert, der Geruch von Zimt umhüllte sie, und ihre nackten Arme waren bald von Brandwunden so scheckig wie die Arme eines alten Kriegers von ehrbaren Narben. Frau Lanner wagte nicht, die Küche zu betreten, wo Tante Mali mit der verheerenden Kraft eines Hurrikans arbeitete; und Kati, das Dienstmädchen, das sonst kochte, ging auf sein Zimmer, von Weinen und Wut geschüttelt, in seinen Gefühlen verletzt. Die Wochen zwischen dem 6. Dezember und dem 24. Dezember waren für alle eine Zeit der Spannung, der Furcht, des Schreckens und der Hoffnung.

Tante Mali backte Weihnachtsplätzchen.

Sie backte Zimtsterne und Schokoladenringe und Anna Maria Amalias Husarenkrapferln, die einem im Mund zergingen und immer besser schmeckten, je länger man sie in dem großen Steinguttopf bewahrte. Sie backte knusprige braune Buchstaben – ein ganzes Alphabet davon –, die Patience hießen, und kleine Kügelchen von leichtem weißem Schaum, die Spanischer Wind hießen; sie machte Marzipan und Quittengelee und Rumtrüffel. Sie backte Brote und Kuchen aller Formen und Geschmacksrichtungen und verschiedener Süße; und der gute warme Geruch von Hefe zog in jeden Winkel und jede Ecke und hielt die Lanner-Kinder in einem stetigen Zustand von Verlangen und hungriger Vorahnung. Der kleinen Annie wurde gelegentlich Zutritt zur Küche gewährt und erlaubt, Teig zu rühren oder Eiweiß auf die Plätzchen zu streichen – denn man konnte nicht früh genug anfangen, wenn man eine gute

Köchin werden wollte. Die beiden Jungen wurden dem heiligen Reich strikt ferngehalten, aber jeden Abend servierte Tante Mali ihnen ein paar winzige Kostproben der zu erwartenden Freuden. Ihr großer Tag kam, wenn sie sie zum Markt begleiteten, um den Karpfen zu kaufen; denn der ganze Aufruhr des Kochens und Backens und Vorbereitens steigerte sich immer mehr und erreichte dann seinen Gipfel in dem, was man in Wien *Fasten* nannte. Und das Fasten wiederum hatte seinen eigenen Höhepunkt am Heiligabend, wenn der Weihnachtskarpfen serviert wurde.

Der Kauf dieses Karpfens war eine fieberhaft erwartete Zeremonie. Am Morgen des 24. Dezember, und keinen Tag früher, gingen die Kinder mit Tante Mali zum Markt. Kati bildete als beratende und unterstützende Kraft die Nachhut in der wichtigen Schlacht um den besten Karpfen, den es gab. Weil jede Familie in Wien den besten Karpfen für ihr Essen am Heiligen Abend wollte und jede Familie eine erfahrene Einkaufstruppe zum Markt schickte, war das Schieben, Kreischen und Raffen heftig und erbittert. Und da waren sie, Tausende von Karpfen, die sich in ihren Wannen und Bottichen wanden, plantschten und schlängelten, eine fette, lebendige, ergiebige und reiche Überfülle silbriger Fische. Tante Mali hatte harte, energische Ellbogen, und sie bahnte sich ihren Weg von Wanne zu

Wanne, immer auf der Suche nach dem einen, dem besten, dem vollkommenen, dem Superweihnachtskarpfen.

Es musste ein Spiegelkarpfen sein, nackt bis auf vier Reihen silbriger Schuppen die Flanke hinunter. Er sollte groß sein, aber nicht zu alt, sonst würde er brackig schmecken. Er sollte auf jeden Fall männlich sein, weil der Laich in einem ausgewachsenen männlichen Karpfen eine Delikatesse für sich war. Seine Kiemen mussten rot sein, und seine Augen mussten hervorstehen und lebendig aussehen. Der ganze Fisch musste vor Leben und Kraft beben; und wenn Tante Mali endlich den richtigen fand und er ihrer Hand mit dem Schwanz einen Schlag versetzte und mit der Sprungkraft und Grazie eines Trapezkünstlers im Zirkus in die Wanne zurückschnellte, lachte sie laut auf und zahlte jeden Preis, den Jakob Fisch dafür verlangte. Nun traf es sich, dass Tante Mali letzten Endes immer bei Jakob Fisch kaufte, weil er zweifelsohne die besten Karpfen auf dem Markt hatte. »Ich kenne mich aus mit Fisch, weil ich selbst ein Fisch bin«, sagte er jedes Jahr und kostete seinen ewigen Witz aus. Ganz gewiss kannte er sich mit Fisch aus; er reiste, wenn das Wasser aus den großen Karpfenteichen abgelassen wurde, bis nach Ungarn und in die Tschechoslowakei, um sich die Besten der Ausbeute auszusuchen. Er war der beste Fischhändler auf dem Markt, und es kümmerte niemanden, dass er Jude war. In Österreich feierte niemand Weihnachten mit mehr Leidenschaft und Begeisterung als die Juden. Sie gingen am Weihnachtsmorgen sogar in die Kirche, weil der Gottesdienst so herrlich und die Musik so schön war.

Dann kam der Augenblick, in dem der Karpfen getötet werden musste – der Augenblick, den die Zwillinge fürchteten und Friedel liebte. Mit einem Holzhammer schlug Jakob Fisch den Fisch geschickt bewusstlos, schlitzte ihn auf und grub in ihm nach dem Laich und der Leber. »Vorsicht, Vorsicht, die Galle –« Tante Mali und Kati schrien jedes Mal, und jedes Mal antwortete Jakob Fisch herablassend: »Meine Damen, ich habe Karpfen getötet und ausgenommen, als Sie noch in den Windeln lagen.« Darüber kicherte Kati, und Tante Mali lachte, und für Annie war es das Zeichen, die Hände von den Augen zu nehmen, denn dann konnte sie sicher sein, dass der Karpfen tot war. Das Schreckliche war, dass er sich in dem Korb, in dem Kati ihn nach Hause trug, weiter wand und zitterte, mit Petersilie gefüllt und mausetot, wie er war.

»Stell dich nicht so dumm an«, sagte Friedel zu seiner Schwester. »Das sind nur Reflexe.« Ihm machte es nichts aus, Frösche zu töten oder Tiere zu sezieren, weil sein Vater Chirurg war und er eines Tages auch Chirurg werden wollte. Wenn sie nach Hause kamen, roch das Haus nach Weihnachtsbaum und Überraschungen. Dieser Nachmittag kam den Kindern, im Kinderzimmer eingeschlossen, endlos vor. Selbst Friedel ließ sich dazu herab, mit ihnen Domino zu spielen, um die Zeit zu vertreiben. Endlich wurde es dunkel. Endlich wurden sie gewaschen und angezogen. Endlich steckte ihre Mutter den Kopf ins Zimmer und flüsterte, sie glaube, sie habe das Christkindl einige Päckchen bringen sehen, und sie sollten bitte nicht so viel Krach machen. Endlich klingelte die Weihnachtsglocke, und sie stürmten ins Wohnzimmer und hielten an der Tür, überwältigt von der ganzen Herrlichkeit.

Da war der Weihnachtsbaum, ein wirklich großer, der vom Boden beinahe bis zur Decke reichte. Ein kleiner Engel glitzerte von seiner Spitze, und unter seinen untersten Zweigen war der Stall mit dem Christkindl – das kleine Kind in der Krippe –, Maria kniete an seiner Seite, und Joseph stand dahinter. Da waren die Heiligen Drei Könige, die Hirten, die Ochsen, der kleine Esel und noch mehr Engel, und alle sahen auf das Christkindl. Die Zweige des Baums waren beladen mit Äpfeln und vergoldeten Nüssen und Tante Malis Meisterwerken, der Patience, dem Spanischen Wind, den Schokoladenringen, den Zimtsternen. Da brannten außerdem Wachskerzen – es sah aus, als wären es tausend –, und der süße Geruch des Wachses machte den Heiligen Abend für die Lanner-Kinder vollkommen und vollendet. Kati, steif wie ein Wachtposten und mit einem nassen Lappen in ihren großen roten Händen, stand dabei und passte auf jeden Zweig auf, der Feuer fangen könnte. Tante Mali, in schwarze Seide gehüllt und gekrönt mit einem überwältigenden Teil falscher brauner Locken auf dem grauen Kopf, forderte die Kinder in strengem Flüsterton zu singen auf. Sie fassten einander an den Händen, und mit ihren Diskantstimmen fingen sie an zu singen, während der Widerschein der tausend Wachskerzen in ihren Augen funkelte und sie vor Aufregung kalte Füße bekamen, weil an der Wand drei Tischchen standen, jedes mit einem weißen Damasttuch bedeckt, unter denen sich ihre Geschenke verbargen. Aber erst nachdem Annie, die nach allgemeiner Übereinkunft zur Jüngeren der Zwillinge erklärt war, das Lukasevangelium aufgesagt hatte, wurde ihnen erlaubt, die Tische aufzudecken. Gewöhnlich machte Dr. Lanner ihrer Spannung plötzlich ein Ende, indem er direkt nach: »Ehre sei Gott in der Höhe. Und Friede auf Erden den Menschen, die guten Willens sind« vom Klavier aufstand und rief: »Stürzt euch drauf, Blagen!« Und mit diesem Zeichen war der feierliche Teil des Abends vorüber, und der Rest war reines Vergnügen. Die Kinder tranken süßen Wein zu ihrem Weihnachtsessen, und der Doktor gab einen humorvollen Trinkspruch zum Besten. Während der Suppe wurde Tante Mali sentimental und erinnerte sich ihres verstorbenen Ehemanns, fing sich jedoch wieder und rückte in die Küche ab, denn es war Tradition, dass sie selbst den Karpfen hereintrug. Sie kam damit herein: ein Berg goldenen gebratenen Karpfens, hoch aufgeschichtet auf der alten Wiener Servierplatte mit handgemaltem Rosenmuster. Die Kinder stießen mit ihren Messern gegen die Weingläser, sie trampelten mit den Füßen und machten jeden nur erdenklichen Lärm. Der Doktor tat einige Schuppen in seine Geldbörse, damit er das ganze Jahr über Geld haben würde, und Frau Lanner sagte: »Nun esst, und redet nicht, Kinder, und seid vorsichtig mit den Gräten.«

Und Tante Mali, zum Teil vom Ofen und zum Teil von ihrem Erfolg mit dem Karpfen rot glühend, entspannte sich und erzählte ihnen noch einmal, wie es in der Weihnachtsnacht auf dem Lande war, wo man um Mitternacht zur Mette ging und alle Bauern mit ihren kleinen Laternen über die verschneiten Hügel kamen und jeder seine besonderen Weihnachtsfilzpantoffeln mitbrachte, damit seine Füße in der Kirche nicht zu kalt wurden.

Die Kinder wurden nie müde, dem zuzuhören, und alles verschmolz mit dem guten vollen Geschmack des

Karpfens, der Wärme des süßen Weins, dem Geruch der Wachskerzen, den Geschenken auf den Tischchen im Wohnzimmer und dem merkwürdigen Gefühl, mehr gegessen zu haben, als einem guttat, und der ganzen grenzenlosen Freude und Herrlichkeit des Heiligen Abends.

Zuerst kam dies und dann das. Dann kam der *Anschluss*. Dann kam der Krieg. Dr. Lanner war sehr ruhig geworden, und Frau Lanner, die immer ruhig gewesen war, hatte sich ein nervöses kleines Zittern der Hände und ein nervöses kleines Zucken der Augenlider angewöhnt. Friedel war Flieger geworden, und sie glaubte, dass er seit diesem Absturz etwas merkwürdig sei, oder vielleicht war der Druck all dieser Bombenangriffe zu viel für den Jungen. Annie war mit einem Leutnant verlobt, der im besetzten Frankreich stationiert war, und Hans, der Apotheker werden sollte, arbeitete in einer Munitionsfabrik. Er war etwas zu mager und zu lang, und sein Vater neigte zu der Ansicht, dass seine Lungen nicht ganz in Ordnung seien.

Ja, alles hatte sich verändert, außer Tante Mali. Pünktlich am 6. Dezember tauchte sie in der Stadt auf, komplett mit schwarzer Tasche und dem Buch, bereit, sich in der Küche an die Arbeit zu machen.

»Du hättest das Buch genauso gut zu Hause lassen

können«, sagte Frau Lanner resigniert. Und der Doktor fügte ein altes österreichisches Sprichwort hinzu: »Aus Pferdeäpfeln kann man bekanntlich keinen Apfelkuchen machen.«

»In dem Buch habe ich mein gutes altes Kriegsrezept für Möhrentörtchen«, sagte Tante Mali unverzagt. »Und für den Bohnenkuchen. Er schmeckt beinahe wie Sachertorte.«

»Ich möchte, dass meine Bohnen wie Bohnen schmecken; aber sie tun's nicht«, erwiderte der Doktor.

»Ich habe auch Butterfett mitgebracht«, sagte Tante Mali. »Zumindest können wir Heiligabend gebratenen Karpfen haben, und das ist die Hauptsache.«

»Gebratener Karpfen! Die Idee!«, sagte Frau Lanner. »Es wird kein einziger Karpfen auf dem Markt zu haben sein. An diesem Weihnachten wird in ganz Wien kein einziger Karpfen zu haben sein.«

»Ja, ich weiß«, sagte Tante Mali. »Deshalb habe ich einen mitgebracht.«

»Du hast was?«

»Ich habe einen Karpfen mitgebracht. Ich habe ihn in der Küche in seinem Eimer gelassen.«

»Wo hast du ihn bekommen?«, fragte Frau Lanner schwach, von Respekt und Bewunderung überwältigt.

»Von unserem alten Freund. Von wem sonst? Von Jakob Fisch. Natürlich hat er keinen Stand mehr auf dem

Markt, weil er Jude ist. Aber nichtsdestotrotz hat er mir einen Karpfen besorgt, privat, verstehst du. Er hat ihn von einem Verwandten, der jenseits der ungarischen Grenze lebt. Es ist kein sehr guter Karpfen, aber schließlich ist Krieg, und Weihnachten wird man keinen Karpfen bekommen können. Wir müssen ihn nur bis dahin am Leben halten.«

»Sicher. Das ist einfach, nicht wahr?«, sagte Frau Lanner bitter. »Einen Karpfen drei Wochen lang in einer Vierzimmerwohnung am Leben halten. Wo sollen wir ihn hintun?«

»In die Badewanne«, sagte Tante Mali, von Kopf bis Fuß ein siegreicher Küchen-Napoleon.

Es war sowieso ein schwacher Karpfen, er war jung und dünn und hatte blasse anämische Kiemen. Sein Bauch war platt, ohne Rogen und Laich, und er gab nur einen schwachen Klaps mit dem Schwanz, als Tante Mali ihn in die Badewanne legte. Aber es war ein Karpfen, und entgegen allen Erwartungen blieb er am Leben. Seine neue Bleibe schien ihm sogar zu gefallen, und Tante Mali, die ihn eifrig mit Goldfischfutter fütterte, behauptete, dass er zunehme. Sie behauptete auch, dass er die Familie kenne und kommen würde, wenn man seinen Namen rufe.

Dr. Lanner hatte ihm den Namen Adalbert gegeben, und die Beziehung zwischen dem Arzt und dem Karpfen war eine der gegenseitigen Zuneigung. Der Doktor ging jeden Morgen in die Badewanne und drehte die kalte Dusche auf. »Entschuldige, Adalbert«, sagte er. »Ich hoffe, du hast nichts dagegen.« Adalbert hatte nichts dagegen. Im Gegenteil, er schien das kalte Wasser zu mögen, das in die altmodische Badewanne hinunterplatschte. Er schwamm in kräftigen, schnellen Kreisen, immer in der Wanne herum. Seine hervorstehenden Augen richteten sich liebevoll auf des Doktors Beine im Wasser. Nach dem Frühstück fütterte Tante Mali ihn, und eine Stunde danach kam Annie und wechselte das Wasser in der Wanne für ihn. Während dieses Vorgangs blieb Adalbert sehr still, klapste nur mit seinen Flossen und erlaubte Annie, seinen Bauch zu kitzeln. Hans behauptete sogar, Adalbert habe ihm zugelächelt, als er sich rasierte. Obwohl Frau Lanner beinahe eine Woche brauchte, um sich mit der Anwesenheit eines lebenden Karpfens in ihrer schönen sauberen Badewanne abzufinden, gewöhnte auch sie sich am Ende an Adalbert, und man konnte sogar hören, wie sie mit ihm in der Babysprache sprach, die sie nicht mehr gebraucht hatte, seit die Zwillinge drei Jahre alt gewesen waren. Sie verbrachte mehr und mehr Zeit mit Adalbert allein, und einmal gestand sie ihrem Mann, dass die Gesellschaft des Karpfens besänftigend für ihre angespannten Nerven sei. Natürlich konnte in den Wochen von

22

Adalberts Aufenthalt keiner ein heißes Bad nehmen, aber damals konnte man, den neuen Anordnungen entsprechend, ohnehin nur samstags abends warmes Wasser bekommen, und auch dann nur für zwei Stunden, und so störte Adalbert die Lanner-Familie nicht sonderlich.

Je näher Weihnachten heranrückte, desto lieber gewannen sie Adalbert. Er war schließlich etwas Einzigartiges, ihre geheime Freude, ihr versteckter Schatz, ihr großer Stolz. Im streng rationierten Wien gab es sehr wenige Leute, die am Heiligen Abend gebratenen Karpfen würden essen können. Dann jedoch wurde es immer schwerer, an Adalbert als einen Haufen knusprig gebratenen Fischs, eine goldene Köstlichkeit auf der alten Servierplatte mit Rosenmuster zu denken. Es war auch zu bezweifeln, ob Adalbert genug für die ganze Familie hergeben würde, weil sowohl Friedel als auch Paul, Annies Verlobter, auf Urlaub nach Hause kamen. Beide wurden Adalbert förmlich vorgestellt, der sie mit einem bösen Ausdruck prüfte. Friedel fühlte sich sofort zu ihm hingezogen, während Paul brummte, dass er ihn lieber nicht ungekocht gesehen hätte. Doch auch er beobachtete Adalbert, als er seine bescheidenen kleinen Tricks vorführte. Er sprang und schwamm in Kreisen, wenn der Doktor die Dusche aufdrehte; er schien zu hören, wenn Tante Mali ihn beim Namen rief, und er erlaubte Annie, seinen Bauch zu kitzeln. Als die Familie das Badezimmer verließ, erzählten sie einander, wie großartig es sei, dass sie am Heiligen Abend gebratenen Karpfen bekommen würden und wie gut er schmecken würde. Über ihrer gezwungenen Fröhlichkeit hing jedoch ein kleiner Schatten.

Der Ärger begann am Morgen des 24. Dezember. »Wer tötet mir den Karpfen?«, fragte Tante Mali beim Frühstück. Sie nannte ihn nicht beim Namen, beinahe als wolle sie alle persönlichen Beziehungen zu Adalbert abbrechen.

»Bitte, Tante, bitte –«, weinte Annie und wurde leicht blass, weil sie kein Blut sehen, nicht einmal daran denken konnte, ohne ein komisches Gefühl im Magen zu spüren.

»Bitte, was? Wenn wir ihn essen wollen, müssen wir ihn töten«, sagte Tante Mali ungerührt.

»Was ist mit dir?«, wandte sie sich an den Doktor. »Du bist Chirurg; du weißt genau, wie.«

»Es tut mir leid – äh – ich habe keine Zeit –«, murmelte Dr. Lanner und verschwand schnell. Annie hatte das Zimmer vor ihm verlassen.

»Du, Hans?«

»Ich kann es mir nicht einmal vorstellen. Wir sind Freunde, Adalbert und ich. Mich musst du entschuldigen, Tante.«

»Paul? Friedel?«

Beide jungen Männer, schneidig in ihren Uniformen, weigerten sich. Sie sagten, sie könnten es nicht. Man könne nicht einfach hingehen und ein Schoßtier töten, sagten sie. Darüber wurde Tante Mali wütend. »Wollt ihr mir erzählen, dass ihr Städte bombardieren und Häuser niederbrennen könnt, aber Weichlinge seid, die keinen Fisch töten können?«, brüllte sie sie an. Die beiden Offiziere zuckten mit den Achseln. »Das ist etwas anderes, Tante Mali —«, sagte Friedel zuletzt mit einem unbehaglichen Lächeln. »Wir liegen nicht mit dem Karpfen im Krieg.«

Am Ende befahl Tante Mali Kati, die Sache zu erledigen, und Kati verschwand nörgelnd und protestierend im Badezimmer. Es folgten eine kurze unheilvolle Stille und dann ein Schrei, ein Platschen, ein Klatschen, gefolgt von einem komischen klatschenden Geräusch. Als Tante Mali Kati zu Hilfe eilte, fand sie das Mädchen in der Badewanne, durchnässt und fluchend, und Adalbert wand sich und hüpfte auf dem Linoleumboden. Tante Mali sagte einige unfreundliche Dinge, zog Kati aus ihrem kalten Bad und tat den Karpfen wieder in die Wanne. Dann biss sie die Zähne zusammen, holte einen Hammer und ein Messer, kehrte ins Badezimmer zurück und schloss die Tür hinter sich ab.

Niemand wagte sie zu fragen, was mit Adalbert geschehen sei.

An dem Abend gab es keine Wachskerzen am Baum, keine Plätzchen, keine Patience, keinen Spanischen Wind. Die Geschenke auf den kleinen Tischen waren kärglich, und der weiße Damast, der sie bedecken sollte, war so schäbig, dass Frau Lanner sich entschuldigen musste. Annie fragte ihren Vater, ob er wolle, dass sie das Evangelium aufsage, doch der Doktor antwortete nur mit einer schlaffen, resignierten Handbewegung, und sie gingen alle ins Esszimmer und setzten sich. Da war der Festtagsgeruch brutzelnder Butter, und der Doktor richtete sich auf und sog ihn tief ein. »Riecht gut, nicht wahr?«, sagte er händereibend.

»Beinahe wie in den alten Zeiten –«, sagte seine Frau, hielt jedoch sofort inne, als hätte sie eine peinliche Bemerkung gemacht.

»Hier kommt Adalbert –«, bemerkte Hans in die Stille, die der ungeschickten Bemerkung folgte. Das hätte er nicht sagen sollen. Die Tür ging auf, und Tante Mali trat ein, hielt die alte Servierplatte mit dem Rosenmuster hoch, auf der in einem kleinen Haufen die sterblichen Überreste Adalberts ruhten, braun, knusprig und vollkommen. Sie alle schlugen die Augen nieder, und Annie wurde wieder einmal blass und griff unter dem Tisch nach der Hand ihres Verlobten. Friedel machte einen schwachen Versuch, an sein Glas zu klopfen und zu applaudieren, wie er es als kleiner Junge getan hatte, aber das kleine Klingeln erstarb sofort.

»Nehmt ein Stück, es gibt genug«, drängte Tante Mali. »Hier das ist aus der Mitte. Nehmt es, esst es, es ist eine Delikatesse, ich habe ihn in reinem Butterfett gebraten – hier, Paul, Friedel, Annie – esst. Es gibt heute Abend in Wien nicht viele Leute, die einen Weihnachtskarpfen essen können.«

Alle versuchten zu essen, und alle gaben auf. »Ich kann nicht –«, sagte der Chirurg. »So wahr mir Gott helfe, ich kann nicht. Er kannte mich, er mochte mich. Erst heute Morgen – ihr hättet ihn sehen sollen, wie er sprang und hüpfte, als ich die kalte Dusche aufdrehte –«

»Und du bist Chirurg!«, sagte Tante Mali grimmig. »Hansl – was ist mit dir?«

»Danke, Tante – ich bin nicht hungrig.«

»Friedel? Annie?«

»Ich kann nicht – wirklich, ich kann nicht, Tante Mali.«

»Du, Paul?«

»Danke. Ich habe mir nie was aus Karpfen gemacht –«

Der junge Flieger, der junge Leutnant, der junge Apotheker – alle schoben ihre Teller weg und legten ihre Gabeln nieder. Dann geschah etwas völlig Unerwartetes. Tante Mali fing an zu weinen.

Tante Mali, der Fels, die eiserne Frau, der Küchendiktator, warf die Arme auf den Tisch, legte das Gesicht darauf und schluchzte laut. Die Lanner-Kinder starrten sie an, wie man auf eine Naturkatastrophe starrt, einen Erdrutsch, einen brechenden Damm, einen Hurrikan. Sie klopften ihr auf die Schulter, streichelten ihre falschen braunen Locken und versuchten, sie zu trösten. Schließlich konnten sie die Worte, die sie schluchzte, verstehen.

»Wozu haben wir ihn dann getötet? Könnt ihr mir das sagen? Wozu haben wir ihn getötet?«, schluchzte Tante Mali.

Sie schauten einander und dann den Doktor sprachlos an. Er saß aufrecht auf seinem Stuhl und sah über die Servierplatte, über den Tisch hinweg, er sah durch den Raum hindurch, er sah durch eine große weite Leere, die sie nicht sehen konnten, und er sagte langsam: »Ja – wozu töten? Wozu? Wozu?«

Und sie waren sich nicht sicher, ob er von dem Weihnachtskarpfen sprach.

Erwin Strittmatter

Der Weihnachtsmann in der Lumpenkiste

In meiner Heimat gingen am Andreastage, dem 30. November, die Ruprechte von Haus zu Haus. Die Ruprechte, das waren die Burschen des Dorfes, in Verkleidungen, wie sie die Bodenkammern und die Truhen der Altenteiler, der Großeltern, hergaben. Die rüden Burschen hatten bei diesen Dorfrundgängen nicht den Ehrgeiz, friedfertige Weihnachtsmänner zu sein. Sie drangen in die Häuser wie eine Räuberhorde, schlugen mit Birkenruten um sich, warfen Äpfel und Nüsse, auch Backobst, in die Stuben und brummten wie alte Bären: »Können die Kinder beten?«

Die Kinder beteten, sie beteten vor Furcht kunterbunt: »Müde bin ich, geh zur Ruh … Komm, Herr Jesu, sei unser Gast … Der Mai ist gekommen …« Lange Zeit glaubte ich, dass das Eigenschaftswort »ruppig« von Ruprecht abgeleitet wäre.

Wenn die Ruprechthorde die kleine Dorfschneiderstube meiner Mutter verließ, roch es in ihr noch lange nach verstockten Kleidungsstücken, nach Mottenpulver und reifen Äpfeln. Meine kleine Schwester und ich waren vor Furcht unter den großen Schneidertisch gekrochen. Die Tischplatte schien uns ein besserer Schutz als unsere Gebetchen zu sein, und wir wagten lange nicht hervorzukommen, noch weniger das Dörrobst und die Nüsse anzurühren.

Die Verängstigung konnte wohl auch unsere Mutter nicht mehr mit ansehen, denn sie bestellte im nächsten Jahr die Ruprechte ab. Oh, was hatten wir für eine mächtige Mutter! Sie konnte die Ruprechte abbestellen und dafür das Christkind einladen.

Jahrsdrauf erschien bei uns also das Christkind, um die Ruppigkeit der Ruprechte auszutilgen. Das Christkind trug ein weißes Tüllkleid und ging in Ermangelung von heiligweißen Strümpfen – es war im Ersten Weltkrieg – barfuß in weißen Brautschuhen. Sein Gesicht war von einem großen Strohhut überschattet, dessen breite Krempe mit Wachswatte-Kirschen garniert war. Vom Rande der Krempe fiel dem Christkind ein weißer Tüllschleier übers Gesicht. Das HOLDE HIMMELSKIND sprach mit piepsiger Stimme und streichelte uns sogar mit seinen Brauthandschuhhänden. Als wir unsere Gebete abgerasselt hatten, wurden wir mit gelben Äpfeln beschenkt. Sie glichen den Goldparmänen, die wir als Wintervorrat auf dem Boden in einer Strohschütte liegen hatten. Das sollten nun Himmelsäpfel sein? Wir bedankten uns trotzdem artig mit DIENER und KNICKS, und das Christkind stakte gravitätisch auf seinen nackten Heiligenbeinen in Brautstöckelschuhen davon.

Meine Mutter war zufrieden. »Habt ihr gesehn, wie's Christkind aussah?«

»Ja«, sagte ich, »wie Buliks Alma, wenn sie hinter einer Gardine hervorlugt.«

Buliks Alma war die etwa vierzehnjährige Tochter aus dem Nachbarhause. An diesem Abend sprachen wir nicht mehr über das Christkind.

Vielleicht kam die Mutter wirklich nicht ohne den Weihnachtsmann aus, wenn sie sich tagsüber die nötige Ruhe in der Schneiderstube erhalten wollte. Jedenfalls erzählte sie uns nach dem missglückten Christkindbesuch, der Weihnachtsmann habe nunmehr seine Werkstatt über dem Bodenzimmer unter dem Dach eingerichtet. Das war eine dunkle, geheimnisvolle Ecke des Häuschens, in der wir noch nie gewesen waren. Eine Treppe führte nicht unter das Dach. Eine Leiter war nicht vorhanden. Die Mutter wusste geheimnisvoll zu berichten, wie sehr der Weihnachtsmann dort oben nachts, wenn wir schliefen, arbeitete, so dass uns das Umhertollen und Plappern vergingen, weil sich der

Weihnachtsmann bei Tage ausruhen und schlafen musste.

Eines Abends vor dem Schlafengehn hörten wir den Weihnachtsmann auch wirklich in seiner Werkstatt scharwerken, und die Mutter war sicher dankbar gegen den Wind, der ihr beim Märchenmachen half.

»Soll der Weihnachtsmann Tag für Tag schlafen und Nacht für Nacht arbeiten, ohne zu essen?«

Diese Frage stellte ich hartnäckig.

»Wenn ihr artig seid, isst er vielleicht einen Teller Mittagessen von euch«, entschied die Mutter.

Also erhielt der Weihnachtsmann am nächsten Tage einen Teller Mittagessen. Mutter riet uns, den Teller an der Tür des Bodenstübchens abzustellen. Ich gab meinen Patenlöffel dazu. Sollte der Weihnachtsmann mit den Fingern essen?

Bald hörten wir unten in der Schneiderstube, wie der Löffel im Teller klirrte. Oh, was hätten wir dafür gegeben, den Weihnachtsmann essen sehen zu dürfen! Allein, die gute Mutter warnte uns, den alten wunderlichen Mann zu vergrämen, und wir gehorchten.

Von nun an wurde der Weihnachtsmann täglich von uns beköstigt. Wir wunderten uns, dass Teller und Löffel, wenn wir sie am späten Nachmittag vom Boden holten, blink und blank waren, als wären sie durch den Abwasch gegangen. Der Weihnachtsmann war demnach ein reinlicher Gesell, und wir bemühten uns, ihm nachzueifern. Wir schabten und kratzten nach den Mahlzeiten unsere Teller aus, und dennoch waren sie nicht so sauber wie der Teller des HEILIGEN MANNES auf dem Dachboden.

Nach dem Mittagessen hatte ich als Ältester, um meine Mutter in der nähfädelreichen Vorweihnachtszeit zu entlasten, das wenige Geschirr zu spülen, und meine Schwester trocknete es ab. Da der Weihnachtsmann sein Essgeschirr in blitzblankem Zustande zurücklieferte, versuchte ich, ihm auch das Abwaschen unseres Mittagsgeschirrs zu übertragen. Es glückte. Ich ließ den Weihnachtsmann für mich abwaschen, und meine Schwester war nicht böse, wenn sie die zerbrechlichen Teller nicht abzutrocknen brauchte.

War's Forscherdrang, der mich zwackte, war's, um mich bei dem Alten auf dem Dachboden beliebt zu machen, ich begann ihm außerdem auf eigene Faust meine Aufwartungen zu machen.

Bald wusste ich, was ein Weihnachtsmann gern aß: Von einem Rest Frühstücksbrot, den ich ihm hinaufgetragen hatte, aß er nur die Margarine herunter. Der Großvater schenkte mir ein Zuckerstück, eine rare Sache in jener Zeit. Ich brachte das Naschwerk dem Weihnachtsmann. Er verschmähte es. Oder mochte er es nur nicht, weil ich es schon angeknabbert hatte? Auch einen

Apfel ließ er liegen, aber eine Maus aß er. Dabei hatte ich ihm die tote Maus nur in der Hoffnung hingelegt, er würde sie wieder lebendig machen; hatte er nicht im Vorjahr einen neuen Schweif an mein altes Holzpferd wachsen lassen?

So, so, der Weihnachtsmann aß also Mäuse! Vielleicht würde er sich auch über Heringsköpfe freuen. Ich legte drei Heringsköpfe vor die Tür der Bodenstube, und da mein Großvater zu Besuch war, hatte ich sogar den Mut, mich hinter der Lumpenkiste zu verstecken, um den Weihnachtsmann bei seiner Heringskopfmahlzeit zu belauschen. Mein Herz pochte in den Ohren. Lange brauchte ich nicht zu warten, denn aus der Lumpenkiste sprang – murr, marau – unsere schwarzbunte Katze.

Ich schwieg über meine Entdeckung und ließ fortan meine Schwester den Teller Mittagessen allein auf den Boden bringen.

Bis zum Frühling bewahrte ich mein Geheimnis, aber als in der Lumpenkiste im Mai, da vor der Haustür der Birnbaum blühte, vier Kätzchen umherkrabbelten, teilte ich meiner Mutter dieses häusliche Ereignis so mit: »Mutter, Mutter, der Weihnachtsmann hat Junge!«

Janosch

Der Bär und der Vogel

Es war einmal ein Bär, der lebte ungefähr eine Meile weit weg von den Leuten am Fuße eines Berges in seiner Höhle.

Im Sommer ging es ihm gut, denn er hatte eine Bienenzucht und deswegen beinah immer so viel Honig, wie er nur wollte. Denn Honig war seine Leibspeise. Auch sammelte er Beeren im Wald, fing am Fluss Forellen, kurzum: Im Sommer lebte er dort wie im Paradies.

Dazu kam, dass die anderen Waldtiere und nicht zuletzt die Leute vom Dorf ihn gut leiden konnten, denn er war friedlich, leutselig, immer zu einem kleinen Spaß aufgelegt. Bosheit und Hinterlist kannte er nicht, und wenn ihn selbst einmal einer hänselte, foppte, ihm gar einen Streich spielte, verzieh er's ihm schnell, denn wenn's dem Bären gut geht, braucht er niemanden zu beißen.

Er war, und das darf hier auch gesagt werden, für die anderen Tiere im Wald wie ein lieber Großvater. Wenn er abends vor seiner Höhle saß und der Sonne zuschaute, wie sie unterging, kam der eine oder andere und flüsterte ihm seine Sorgen ins Ohr. Und schon war alles besser.

Und dann kam der Winter.

Auch da ging es ihm nicht schlecht. Denn er hatte einen warmen Pelzmantel aus Bärenfell, und weil er nicht dumm war, hatte er im Sommer kleine Vorräte angelegt. Hatte Beeren getrocknet und daraus, vermischt mit Honig, eine fabelhafte Winterspeise bereitet. Hatte Laub in die Höhle getragen, damit es ihm nicht von unten her kalt werden konnte. Hatte auch saubere und glatt gestrichene Blätter von Buchen gesammelt, auf denen er im Winter die Geschichten des letzten Sommers lesen konnte, die Käfer und Würmer dort hineingeschrieben hatten.

Auch der Winter war also keine schlechte Zeit für den Bären. Und dann kam so ein Winter, der war kälter als jeder Winter zuvor. Der Wind hatte ihm den Schnee bis direkt vor sein Bett geweht. Die Luft war wie kaltes Glas, und im Wald war es still, still. Als ob es auf der Welt keine Töne mehr gäbe. Und wenn der Bär hinauswollte vor seine Höhle, musste er sich durch den Schnee graben.

Und dann kam die große heilige Nacht.

Der Mond stand oben allein, und weit, weit weg flimmerten die Sterne, heller als sonst und ganz klar.

Dem Bären war es so kalt wie nie zuvor, und er redete mit sich selbst. Das macht manchmal etwas warm.

»Ich werde in das Dorf gehen. Vielleicht treffe ich einen, den ich kenne, und er nimmt mich mit nach Haus an den warmen Ofen. Oder wir wärmen uns gegenseitig Fell an Fell. Vielleicht schenkt mir einer seine Brotsuppe. Das wärmt auch. Also los, alter Bär, mach dich auf die Pfoten!« Er rieb sich die Nase warm und grub sich aus der Höhle. Kalt war es. Viel kälter, als er innen in der Höhle gedacht hatte.

»Will jemand mit mir ins Dorf gehen … hen …«, rief er in den Wald hinaus, aber das Echo kam sofort zurück, war gar nicht weit gekommen, war an der Kälte zurückgeprallt.

»Dort ist heut Weihnachten«, rief der Bär etwas leiser jetzt.

»Ist da niemand …«

»Niemand …«, rief das Echo zurück, und das Wort fiel erfroren in den Schnee, keiner hat es gehört.

Da stapfte der Bär allein los, ging den Fluss entlang über die schmale Brücke, noch eine Meile weit, im Sommer ein Weg nicht einmal zu lang für eine Maus. Aber jetzt so weit wie von hier bis zum Himalaja. Und für einen allein zu gehen doppelt so lang.

Manchmal blieb er stehen, legte die Pfoten an die Schnauze und rief:

»Ist da niemand, der mitgeht in das Dorf? Keiner? Heut ist Weihnachten bei den Menschen. Ein schönes Fest ...«

Niemand, keiner kam, und als es immer kälter wurde, der Weg ohne Ende war, fiel der Bär nach vorn und konnte nicht mehr weitergehen. Da kam ein kleiner Vogel gehüpft. Setzte sich auf sein Ohr, war ein Hänfling. Er kannte den Bären vom Sommer her. Sie hatten sich manchmal die Beeren geteilt, die der Bär gesammelt hatte:

»Eine ich und zwei du. Eine ich und zwei du ...«

»Kalt ist«, sagte der Vogel. »Trag mich ein Stück, Bär! Kann nicht mehr fliegen wegen der Kälte. Und ich sing dir was vor, ja!«

Da stand der Bär wieder auf, nahm den federleichten Vogel auf die Pfote, hauchte ihn warm, und der Vogel sang ihm ein Lied ins Ohr. Wie früher, wie im Sommer. Das wärmt.

Der Bär ging weich und vorsichtig, um das Lied nicht zu stören.

Es war mitten in der Nacht, als sie ins Dorf kamen. Die Leute waren in der Kirche und sangen.

Aber der Küster ließ die beiden nicht hinein. »Bären und Vögel haben hier keinen Zutritt«, sagte er. »Das ist eine Vorschrift, und ich kann keine Ausnahme machen. Geht einfach nicht. Alte Frauen könnten sich ängstigen. Morgen vielleicht, wenn die Kirche leer ist oder wenn mehr Kinder da sind, die würden sich vielleicht freuen. Aber heut nicht, heut nicht.«

Schlug die Tür zu und war weg.

Dem Bären und dem Vogel war's inzwischen egal. Sie spürten die Kälte nicht mehr, denn wenn du einen Freund gefunden hast, ist alles nicht mehr schlimm. Sie setzten sich neben die Kirche, und im Auge des Bären war so ein schönes Licht, an dem der Vogel sich die Flügel wärmen konnte. Jetzt hätte er wieder fliegen können unter ein warmes Dach, aber er blieb. Der Himmel war das Dach über ihrem Haus, und die Welt hatte keinen Anfang und kein Ende.

Dann kamen die Mütter und Väter mit ihren Kindern aus der Kirche.

»Was ist denn dort mit dem Bären?«, fragten die Kinder. »Ist der echt, er bewegt sich ja gar nicht.«

Die Mütter und Väter zogen die Kinder an den Händen weg, es war schon spät, und es war kalt:

»Na los, kommt schon.«

Als das Lied des Vogels immer leiser wurde und der Bär sah, dass der Vogel die Augen schon zuhatte, verbarg er ihn vorsichtig und warm zwischen seinen Pfoten. Rührte sich nicht, um ihn nicht zu wecken.

39

Aber auch dem Bären fielen bald die Augen zu, und sie träumten von einem Engel, der sie wegtrug. Am nächsten Tag waren sie nicht mehr da.

Hans Fallada

Der Gänsemord von Tütz

Geht man die Straße vom Dorf her, so kommt erst das Schloss mit dem großen, alten Park. Da sitzt der Ritterschaftsdirektor von Pratz. Dann folgt der Gutshof mit seinen Ställen, Scheunen und dem Beamtenhaus, wo ich, der Rendant, hause. Die Straße geht weiter, und was folgt, ist erst einmal wieder ein ganzes Stück Park, der also im Halbkreis die Hofstätte umschließt, und dann die Villa des jungen Herrn, des Rittmeisters.

Die Sache ist so, dass vor ein paar Jahren der alte Herr das Gut an Tochter und Schwiegersohn übergab. »Wirtschaftet, junge Leute«, sagte er. »Ich habe genug Kartoffeln gebaut in meinem Leben.« Für sich behielt er Schloss, Park und Forsten. In die fährt er täglich mit seinem Jagdwagen, und er ist ein alter Rauschebart der Art, dass er von jeder Ausfahrt mit einem Bündel Reisig heimkommt. »Zu schade zum Verfaulen«, sagt er. »Damit kann ich im Winter heizen.« Auf die jetzt schwiegersöhnlichen Felder geht der alte Pratz, v. Pratz bitte, nicht gern. »Hat Landwirtschaft studiert, der junge Herr«, sagt er zu Elias, seinem Kutscher. »Merkst du was?« Elias merkt was, und die beiden lachen.

Wenn nun auch der Rittmeister von der Landwirtschaft nichts verstehen soll, seine Felder liebt er doch. Er hört nicht gerne über sie lachen. »Der Alte ist ja ein Rest aus der Steinzeit, Fallada«, sagt er zu mir, wenn wir ihn mit seinen Knüppeln aus dem Wald kommen sehen. Und dann lachen wir beide.

Der Gänsekrieg jedoch, der mich stellungslos machte, wurde gar nicht zwischen dem alten und dem jungen Herrn geführt, sondern zwischen dem jungen Herrn und der gnädigen Frau. Die gnädige Frau ist natürlich die Frau vom alten Herrn. Die Frau vom Rittmeister heißt die junge Frau. Jeder, der einmal in hinterpommersche Rittergüter gerochen hat, weiß das. So dass im Grunde dieser Gänsekrieg der uralte Krieg zwischen Schwiegermutter und Schwiegersohn war. Nur war ich, der Rendant, der Leidtragende. Nebst sieben Gänsen. Davon ist nun zu erzählen.

Es ist schon gesagt worden, dass der Schlosspark alt war. Er war sogar uralt und besaß als Prachtstück einen viel bewunderten Tulpenbaum. Ich fand immer, der Tulpenbaum war ein Versager. Gradeheraus gesagt war er langweilig; seine Blüten hatten nicht die Idee einer

Ähnlichkeit mit Tulpen. Aber bei den alten Herrschaften konnte solch Ausspruch von mir nicht überraschen. Ich war anrüchig, seit Elias, das Faktotum, mich mal erwischt hatte, wie ich die Geflügelmamsell abküsste.

Ich bin schon auf dem rechten Wege mit meiner Geschichte. Es geht alles der Reihe nach. Die Geflügelmamsell zum Beispiel war eine Angestellte der gnädigen Frau; sie hatte die Hühner unter sich und die Gänse. Wenn die alten Herrschaften auch das Gut abgegeben hatten, den Wunsch nach einem frischen Ei hatten sie doch. Die Hühner liefen auf dem Gutshof; auf der Dungstätte und in den Scheunen wurden sie satt: Dagegen sagte auch der Rittmeister nichts.

Die Gänse aber ergingen sich offiziell im Park, jenem großen Park mit den uralten Bäumen. Nun ist es mit den Gänsen so, dass die Gans ein delikater Vogel ist, nicht nur, wenn man sie isst, sondern grade auch, wenn sie frisst: Das Beste ist ihr kaum gut genug. Die Gans, ein heiliger, schwieriger, kapriziöser Vogel, ist scharf auf junges, delikates Grün. Und gab es das in diesem uralten Park? Man kann das eine haben, man kann das andere haben, man kann nicht beides haben. Uralte Bäume und junges Grün, das verträgt sich nicht. Im Schatten wächst altes, saures, schlampiges Gras.

Es schmeckte den Gänsen nicht, und eine Gans denkt natürlich nicht daran, sich mit schlechtem Futter abzufinden. Die Ganter mit den vergissmeinnichtblauen Augen führten ihre Schönen zielbewusst durch den ganzen Park. Dann durchstieß die dreidutzendköpfige Schar den Zaun, überquerte in der nächsten Nähe der rittmeisterlichen Villa den Weg, flatterte durch den Graben – welch Geschnatter, welche Aufregung! –, und siehe da, Kanaan ist erreicht, das gelobte Land, die Gras- und Schnabelweide! Sie sind im Wickgemenge, wo sie gar nichts zu suchen, noch weniger zu finden haben. Es war ein delikates Wickgemenge. Sie dachten hierzubleiben. Der Park konnte ihnen gestohlen werden.

Sechsunddreißig Gänse haben einen beträchtlichen Appetit; sie verdrücken was. Es hätte nicht des Geschnatters bei der Grabenüberquerung bedurft, um den Rittmeister auf den Einbruch in seine Felder aufmerksam zu machen. Es ist schon gesagt, dass er seine Felder liebte, und nun war es eine Schande, wie dies Gemenge aussah, und grad an dem Wege, den all seine Gäste fuhren!

Es fing wie alle Kriege mit Verwahrungen, Einsprüchen, kleinen Reibungen an. Der Rittmeister sagte zu mir: »Hören Sie mal, Fallada, das können Sie aber der Geflügelfee ausrichten: Mit den Gänsen, das geht unmöglich. Sie sollen ja da Beziehungen haben …«

Ich sagte es ihr.

Der Rittmeister sprach: »Herr Fallada, die Schweinerei mit den Gänsen hört mir auf! Wozu stichelt denn meine Schwiegermutter ewig über Sie und die Mamsell, wenn Sie das nicht mal erreichen?«

Ich sagte es ihr.

Die Dörte sah mich an mit ihren schönen, dummen Kirschenaugen und klagte: »O Gott, Hannes! Die Gnädige hat doch gesagt, dass die Gänse sich schon mal in den Wicken satt fressen dürfen. Wozu steckst du ewig mit dem Rendanten zusammen, hat sie gesagt. Du sollst ja sogar auf seinem Zimmer gewesen sein, hat sie mich gefragt.«

Die Dörte weinte. Sie war auf meinem Zimmer gewesen. Machtlos war ich. Der Rittmeister sagte …, vieles sagte er. Dann sagte er nichts mehr. Er schritt zur Selbsthilfe. »Unser« Kutscher, Kasper, erzählte mir, dass der Rittmeister wie der Teufel aus dem Wagen zwischen die Gänse gesprungen war und sie mit der Fahrpeitsche verdroschen hatte.

Am Abend weinte Dörte. Die Gnädige hatte sooo gescholten: Eine Gans war lahm!

Nun kann man Gänse einmal verdreschen, man kann sie auch zweimal verdreschen, dreimal aber bestimmt nicht. Sie kannten ihren Rittmeister. Kam der Wagen leer, so ästen sie weiter; kam er gefüllt mit der jungen Frau, so ästen sie weiter; kam er gefüllt mit dem Rittmeister, so breiteten sie ihre Flügel. Unter wildem, höhnischem Geschnatter zerstreuten sie sich über den ganzen Gemengeschlag. Der Rittmeister probierte es mit einem Reitpferd und einer Reitpeitsche. Das Gansgetier zerstreute sich einzeln in alle Himmelsrichtungen, dem Tobenden zu entgehen. Der Rittmeister ritt seinen Gaul schäumend nass und sein Blut ins Sieden. Das Geschrei der Gänse gellte höhnisch in seinen Ohren: Er erreichte nichts.

Es ist morgens, so um fünf; die Knechte füttern; vor einer Viertelstunde ist auch das Geflügel aus dem Stall gelassen. Zwei Schüsse tönen. Nanu!, denke ich. Der Förster schon im Gang? Und so dichtebei?

Dann geht bei mir das Telefon. Der Rittmeister sagt atemlos: »Fallada, kommen Sie gleich rüber zu mir.«

»Ja, Herr Rittmeister«, sage ich.

»Bringen Sie 'nen Jungen mit«, sagt er. »Irgendjemand, der die Leichen trägt.«

»Ja«, sage ich.

Der Pott ist entzwei, denke ich. Ich hole mir einen Pferdeknecht aus dem Stall, und wir tippeln los. Vor der Villa im Vorgarten liegen sie gewissermaßen aufgebahrt, sieben Stück, so jung noch, so mager noch, in der Blüte ihrer Wochen dahingerafft. »Warten Sie, Karl«, sage ich und gehe ins Haus.

Der Rittmeister sitzt in einem Sessel und trinkt Kognak, am frühen Morgen, auf nüchternen Magen. Das Mordgewehr liegt noch auf der Fensterbank. Vom Fenster aus hat er sie geschossen, sieben junge Gänse, vielversprechend.

»Morjen«, sagt er. »Sie haben wohl schon den Salat gesehen. Meine Frau weint. Finden Sie, dass das ein Grund zum Weinen ist? Über meine Wicken hat sie nicht geweint.«

»Die Frau Mutter wird ungehalten sein«, sage ich.

»Wird sie«, bestätigt er. »Also, bestellen Sie ihr einen schönen Gruß von mir. Und es täte mir ja leid. Aber sie wäre an allem schuld.«

»Ja«, sage ich.

»Geben Sie ihr die Gänse«, sagt er. »Sie soll sehen, was sie damit macht. Und sagen Sie ihr, ich wollt sie ihr bezahlen. Sie soll sagen, was sie dafür haben will.«

»Ja«, sage ich.

»Kein angenehmer Auftrag, Fallada«, sagt er. »Trinken Sie 'nen Kognak. Nehmen Sie 'ne Zigarette. Das Leben ist kompliziert.«

»Ja«, sage ich.

Um halb sechs kann ich nicht mit den Gänsen ins Schloss rücken, ich komme um halb acht. Da weiß die gnädige Frau schon alles; sie hat sicher in der Küche auf mich gelauert. »Nehmen Sie die Tiere wieder mit«, weint sie. »O Gott, ich kann sie nicht sehen. Zwei Zuchtgänse sind dabei. Dörte, sieh nur, die mit dem grauen Stoß am Flügel ist auch dabei, o Gott!«

Dörte sah mich an wie ein flammender Engel. Die Gnädige weinte haltlos. Ich komme mir ziemlich schäbig vor. »Sagen Sie meinem Schwiegersohn, dass er ein schlechter Mensch ist, ein Mörder …«

Durch den Sonnenschein gehe ich mit meinem Stalljungen und den sieben Gänsen zur Villa. Siehe da, mein Chef ist nicht aufs Feld geritten; er hat auf mich gewartet. Er verfinstert sich, als er die Leichen sieht. »Sie haben die Gänse immer noch? Habe ich Ihnen nicht ausdrücklich befohlen …?«

Er sagt »befohlen«, er sagt überhaupt sehr viel, und kleinlaut berichte ich.

»Alles Unsinn! Wie können Sie sich von Weibern düsig weinen lassen! Grüßen Sie meine Schwiegermutter und bestellen Sie ihr, die Gänse gehörten ihr, nicht mir. Dass Sie mir nicht wieder mit den Gänsen kommen!«

»Nein, Herr Rittmeister«, sage ich.

Kehrt! Ein Rendant, ein Stallbursche, sieben tote Gänse in die Schlossküche. Heißer Empfang. Die Tränen sind versiegt. »Ich verbiete Ihnen das Haus, verstehen Sie! Es ist Hausfriedensbruch, wenn Sie noch mal mit den Gänsen kommen! Sagen Sie meinem Schwiegersohn …«

Ich werde mich hüten. Wieder stehen wir auf dem

Hof. »Wat moken Se nu, Herr Rendant?«, lacht der Stallbursche.

»Grien du und der Affe«, sage ich wütend. »Schmeiß die Biester hier ins Büro hinter meinen Schreibtisch. Schmeiß 'nen Sack drüber. Am Ende wird doch einer Vernunft annehmen.«

Die Stunden gehen dahin. Um zwölf kommen die Knechte vom Feld, ich geh auf den Boden, gebe Pferdefutter aus. Als ich wieder aufs Büro komme, steht der Rittmeister hinter dem Schreibtisch. Den Sack hat er mit dem Fuß weggeschoben, starrt auf den Salat.

»Was heißt das?«, fragt er scharf. »Haben Sie nicht verstanden, was ich Ihnen befohlen hatte, Herr?!!!!«

Jawohl, ich hatte verstanden. Und ich erkläre.

»Quatsch! Hausfriedensbruch! Bestellen Sie meiner Schwiegermutter, sie hat 'nen Vogel. Hysterische Schraube. Wegen ein paar dammlichen Gänsen sich so zu haben. Ich will die Biester nicht mehr sehen. Verstanden?!!«

»Jawohl, Herr Rittmeister«, sage ich und mach mich wieder auf den Weg. Mönchlein, du gehst einen schweren Gang. Und ganz nutzlos. Elias hat auf der Lauer gelegen, er verpfeift mich. Gleich ist die Gnädige da. Man trägt mir wieder Bestellungen an den Rittmeister auf, dann stehe ich wieder draußen ...

»Und nun?«, fragt der Stallbursch.

»Das will ich dir erzählen«, sag ich wütend. »Die Gänse können mir den Puckel runterrutschen. Komm mit.«

Ich geh gar nicht erst mit ihm auf den Hof; heimlich gehen wir hintenrum in die große Scheune. »Da! Steck die Biester unters Stroh. Gut tief rein. Gottlob, nun sind sie weg.«

»Dat's gaud«, sagt er. »Nu denkt die Gnädige, er hat se, und er denkt, die Gnädige hat se.«

»Richtig, mein Sohn«, sage ich und gehe aufs Büro.

Gegen Abend besucht mich der Rittmeister. Wir klönen über dies und das. »Übrigens«, sagt er im Gehen, »die Sache mit den Gänsen ist erledigt?«

»Ist erledigt«, sage ich.

»Gut«, sagt er und geht.

Eigentlich ist längst Feierabend, aber ich habe viel Zeit versäumt; ich muss noch Löhne eintüten. Das Telefon rasselt. »Ja? Hier Fallada!«

»Sie haben die Gänse meiner Schwiegermutter gebracht, was? Sie haben meinen Befehl erledigt, wie? Belogen haben Sie mich, Herr!!! Auf der Stelle bringen Sie die Gänse der gnädigen Frau! Sie will sie nun doch haben, der Federn wegen. Auf der Stelle …«

Diesmal hole ich mir nicht erst jemand. Ich stürze allein in die Scheune. Ich wühle im Stroh. Nein, hier ist es nicht gewesen, mehr links. Verdammt dunkel ist das

hier. Rechts? O Gott, nur schnell ... Eine Stalllaterne ...
Licht. Rechts. Links. Oben. Unten. Hier. Dort. Nichts.
Ins Dorf. »Jung, wo haben wir die Gänse hingesteckt?
Rasch!«

Am Büro vorbei, ich höre das Telefon drinnen
schreien, brüllen, ächzen, gellen. »Nur rasch, Jung!«

Wir suchen zu zweit. Der Junge lässt die Hände sin-
ken. »Hier waren sie bestimmt, Herr Rendant. Sehen
Sie, hier ist noch blutiges Stroh.«

Stimmt. Wir sehen uns an.

»Da hat einer aufgepasst, wie wir hier rein sind, und
hat die Gänse gestohlen, Herr Rendant. Sehen Sie, hier
ist noch blutiges Stroh.«

Ich seh ihn an, er sieht mich an. Der Jung hat sie
nicht geklaut. Der ist ehrlich; so viel kann ich sehen. Er
sagt kummervoll: »Ja, Herr Rendant, das ist ja nun
nicht leicht. Was der junge Herr ist, der ist ein büschen
hitzig.«

Stimmt wieder. Mir bubbert das Herz, als ich anrufe.
»Nun?!!!!«

Ich beichte. »Und nun hat einer doch die Gänse gestohlen ...!«

Soll ich »Wutschrei« sagen? Nun gut, ich sage
»Wutschrei«. Jedenfalls habe ich den Hörer fein sachte
hingelegt. Ich konnte ans andere Ende vom Büro gehen, der Wutschrei blieb klar verständlich. Auch dau-

erte er noch länger. Nach einer Weile habe ich dann angehängt, bin auf mein Zimmer gegangen und habe meine Sachen gepackt. Kasper hat mich noch in derselben Nacht zur Bahn gefahren. Aus. Fertig. Schluss. Arme Dörte.

Und der verdammte Kerl, der die sieben klapperdürren Gänse im Jahre 1920 auf Rittergut Tütz aus der Scheune geklaut hat, der soll sich nun endlich bei mir melden und sich wenigstens entschuldigen, verdammt noch mal!

John B. Keane

Der Weihnachtsganter

Wie viele Ganter wurden schon als Prachtexemplare an-
gepriesen und waren schließlich nur Haut und Knochen.
Oft genug haben Käufer, die auf einen guten Weih-
nachtsbraten aus waren, diese bittere Erfahrung gemacht
und teuer dafür bezahlt. Heute ist das anders. Die Gänse
und Ganter, die jetzt auf dem Weihnachtsmarkt angebo-
ten werden, sind ihres Federkleids beraubt und haben
auch keine Flügel mehr. Man kann die älteren Tiere
leicht von den jungen unterscheiden, und wenn sie einer
Massenproduktion entstammen, wird der Verbraucher
selten genarrt. Vielleicht sind sie im Geschmack nicht
ganz so gut, weil sie nie grünes Weideland gesehen haben, aber zumindest ist ihr Fleisch genießbar, wenn es
sachgemäß zubereitet wird.

Die Leute vom Lande glaubten früher, dass die besten
Gänse die waren, die an seichten Flussufern oder am
Meeressaum weiden konnten. Die schmeckten wahr-

haft köstlich. Neben Gras und dem täglichen Napf mit Hafermehlbrei gehörten allerlei Weichtiere, Kuttelfisch, Meersalat, Purpurtang und andere Algen zu ihrem Speiseplan. Kein Wunder, wenn sich alle Welt nach Strandgantern riss. Auch glaubte man, dass die Brühe, die man aus ihnen kocht, ein unfehlbares Mittel gegen Hautkrankheiten war, und außerdem hätte sie sich als Potenzstimulator für etwas betagtere Männer erwiesen, die bei der Erfüllung ihrer romantischen Ehepflichten nachzulassen drohten. Wenige Teller Strandgänsesuppe, und sie waren wieder in Hochform.

Immer, wenn Weihnachten naht, kann ich nicht anders, ich muss einfach an Gänse denken. Manche mögen lieber Pute, und wieder andere geben Enten oder Hähnchen den Vorzug. Aber mir geht nichts über eine Gans, über den köstlich gefüllten Gänsebraten und die obligate Gänsekleinsuppe davor. Bei dem Gedanken an all die Ganter, die ich verspeist habe, läuft mir das Wasser im Munde zusammen. Just ein Jahr vor dem Weihnachtsfest, von dem ich eigentlich erzählen will, hatte ich zwei bei einer Cousine bestellt. Sie lebt auf dem Lande und hat einen untadeligen Ruf, was besagtes Geflügel betrifft. In düsteren Momenten oder wenn es mich überkommt, versuche ich, an ihre knusprig braun gebratenen Ganter zu denken, und gleich jubiliert mein Herz.

Wer einmal beim Gänsekauf übers Ohr gehauen wurde, also im Glauben, ein junges Tier erstanden zu haben, sich einen alten Vogel hat aufschwatzen lassen, wird nie wieder überhastet einen solchen Kauf tätigen oder aufs Geratewohl zu Hinz oder Kunz gehen. Wenn Sie mich fragen, ein Gänsekauf will genauso sorgfältig vorbereitet sein wie ein Bankeinbruch. Aus Erfahrung wird man klug. Mehr als einmal haben mich ansonsten ehrliche Leute reingelegt. Auf dem Lande hat man es nie als ehrenrührig angesehen, leichtgläubigen Stadtmenschen alte und kränkliche Gänse anzudrehen. Auch alte Tiere wollen verkauft sein, und bei wem lassen sie sich besser an den Mann bringen als bei einem Dummen aus der Stadt? Nur wenige Städter wussten, bei wem sie kauften oder woher die Marktleute stammten, insofern brauchte der Gänsezüchter keine Rache zu fürchten. Zudem sahen sich alle Händler irgendwie ähnlich, sie blickten sämtlich harmlos und ehrlich drein, besonders die, die den Unbedachten und Ahnungslosen betagte Vögel aufschwatzten.

In meiner Kindheit standen die Händler, denen nicht zu trauen war, immer in der Marktecke, wo das Gewühle von Esels- und Ponygespannen am dichtesten war. Die stets lächelnden Marktweiber redeten jeden nur mit »Sir« an, auch wenn es der ärgste Schuft war. Glücklicherweise habe ich jetzt auf meine alten Tage einige Erfahrung gesammelt und weiß, worauf ich mich beim Aussuchen und Erwerb einer Gans einlasse.

Im zarten Alter von zwölf schickte man mich in meiner Heimatstadt auf den Markt. Ich sollte für eine alte Nachbarin, die es hätte besser wissen müssen, eine junge zarte Gans erstehen. Die Frau war zu alt, um sich selbst auf den Weg zu machen, und selbst mit achtzig hatte sie noch einen unerschütterlichen Glauben an die Mitmenschen. Irrigerweise nahm sie an, ich sei schon ausgebufft genug, mich nicht übertölpeln zu lassen. Damals war ein Wort wie »ausgebufft« noch nicht gang und gäbe. »Schlau« oder »durchtrieben« sagte man meist, aber die Erfahrung hatte ich noch nicht, durchschaute keineswegs die hartgesottenen Händler, die darauf bedacht waren, ihre altersschwachen Vögel loszuschlagen.

Bevor ich mich auf den Weg machte, hatte ich noch Instruktionen erhalten, worauf in Sachen Gans zu achten war. Alte Gänse, zum Beispiel, wirkten – ähnlich wie alte Menschen auch – schlaff und teilnahmslos. Ihre Augen hatten nicht mehr den ursprünglichen Glanz, und ihre Schnäbel waren abgewetzt und von dunklerer Färbung als bei jungen Tieren. Auch waren die Füße verschrumpelt und rau. All das galt als untrügliches Kennzeichen für ältere Gänse und Ganter. Der Mann der guten Frau hatte sich alle erdenkliche

Mühe gegeben, mir die Dinge einzuschärfen, denn ihm war sehr an einem guten Gänsebraten zum Fest gelegen. Er erklärte mir auch, dass junge Ganter aggressiv schnatternde Viecher waren, die mit den Flügeln schlugen und harmlose Menschen, die nichts Böses im Sinn hatten, in gebührendem Abstand hielten. Mit diesem Wissen und zwei Zweishillingstücken ausgestattet, die ich in der Hosentasche krampfhaft in der Faust hielt, zog ich los. Damals hatten Hosen meist nur eine Tasche, und dem Futter war nie recht zu trauen. Immer wieder schlichen sich Löcher ein, und da konnten Münzen leicht durchschlüpfen und verschwinden. Dann war der Jammer groß und der Hunger auch, und handelte es sich um einen größeren Betrag, waren herbere Entbehrungen die Folge.

Auf dem Marktplatz gackerte und schnatterte alles wild durcheinander: Gänse und Puten, Enten und Erpel, Hühner und Hähnchen. Hier betrieben ausnahmsweise mehr Frauen als Männer das Geschäft. Selbst die rabiatesten Ehemänner waren sich darin einig, dass das Geld für das verkaufte Geflügel den Frauen zustand und dass sie es nach eigenem Gutdünken ausgeben konnten. In Wahrheit ging natürlich das meiste Geld für Dinge drauf, die das Weihnachtsfest im trauten Heim verschönten und versüßten.

Bei meinem Umherstreifen musste ich sehr auf meine

Schritte achten. Esels- und Ponykarren verstopften alles. An jeder Ecke wurde gehandelt, und Kunden zogen mit an den Flügeln zusammengebundenen Riesenvögeln von dannen. Links und rechts, wo ich hinsah, Gänse, ich wusste einfach nicht, wo ich beginnen sollte. Die Vielfalt von Gefährten, das bunte Volksgewimmel, Münzen und Geldscheine, die unter lautem Wortschwall von einer Hand in die andere wanderten, vertrauensseliges Schulterklopfen und Handschläge, wenn Käufe besiegelt wurden, all das Gezeter und Gezänk, das im Endeffekt gut ausging – mir schwindelte vor Augen. Die Eindrücke überwältigten mich, und ich wünschte, man hätte mir nicht so eine grässliche Verantwortung aufgebürdet.

»Ah!«, ertönte es plötzlich neben mir. »Schön, dich hier zu sehen!« Und schon streckte sich mir eine Hand entgegen und schüttelte meine dermaßen, dass es mir fast den Arm ausgekugelt hätte. Ich hatte den Mann noch nie in meinem Leben gesehen, doch je länger ich ihm ins lachende Gesicht blickte, desto mehr erinnerte es mich an von irgendwoher vertraute Züge. Damals wusste ich nicht, wohin ich es stecken sollte, aber was ich da sah, war genau das, woran man gemeinhin einen Ganoven erkennt. Sein offenherziges Lächeln entwaffnete mich und ließ mich nicht auf der Hut sein.

»Ich kann mir denken, weshalb du hier bist. Deine Mutter hat dich nach einem Truthahn geschickt.«

»Nein«, erwiderte ich, »eine Gans soll es sein – für unsere alte Maggie Sullivan.«

»Wenn das so ist, dann komm lieber mit«, lockte er und zwinkerte mir geheimnisvoll zu. Ich folgte ihm, vorbei an Verschlägen mit kollernden Truthähnen, schnatternden Enten und zischenden Gantern.

»Die hauen dich hier übers Ohr, einer wie der andere«, klärte mich mein neuer Freund auf und zeigte auf die mit ihrem Geflügel Handelnden um uns herum. Und dann flüsterte er mir laut ins Ohr: »Und wenn du denen bloß aus Versehen die Zunge rausstreckst, schon ist sie weg auf Nimmerwiedersehen.«

Bei einer alten, in ein Umhangtuch gehüllten Frau mit runzligem Gesicht blieb er stehen. Sie kümmerte sich um Gänse in einem Verschlag auf einem Eselskarren. Ich seh sie noch wie heute: die Güte und Freundlichkeit in Person. Sie hatte eine weiche und angenehme Stimme; ihr Englisch kam in Melodie und Rhythmus dem Gälischen ungemein nahe. Doch das Entscheidende war, dass sie Gänse verkaufte.

»Alle im Stall gehalten«, brüstete sie sich, »und nicht eine ist eine Michaelisgans, so wahr wie ich hier stehe.«

Von Michaelisgänsen oder Grünen Gänsen hatte ich schon gehört. Das waren die Tiere, die bereits zu Michaelis schlachtreif waren, und das Fest wurde von alters her am 29. September gefeiert. Die richtigen Bratvögel aber, die mehr Gewicht auf die Waage brachten und auch besser im Geschmack waren, wurden in Ställen oder kleinen Gehegen gehalten und bis zur Weihnachtsmarktzeit durchgefüttert. Die Stallhaltung bedeutete, dass sie weit weniger Auslauf hatten als andere Gänse, die sich bei der Futtersuche ausgiebig im Freien bewegen. Dadurch waren ihre Schenkel weniger muskulös und eine reine Gaumenfreude nach entsprechender Zubereitung, und auch die Bruststücke waren saftiger und hatten viel mehr Fleisch.

Mein neuer Freund war auf den Karren geklettert und unterzog dessen Insassen einer gründlichen Begutachtung. Sie zischten und spektakelten, als er einen nach dem anderen hochhob, um sich zu vergewissern, dass sich kein minderwertiges Tier unter die Prachtexemplare gemischt hatte. Als er mit allen durch war, erläuterte er der Frau, in welch misslicher Lage ich mit meinen bloßen vier Shilling war. Ich sei auch schon eindringlich vor Ganoven unter den Händlern gewarnt worden, die einem ahnungslosen Stadtmenschen eiskalt einen alten Ganter andrehen würden.

»O nein, möge Gott uns beistehen«, hob die Alte an, »möge der Herrgott Erbarmen haben und uns alle, die Jungen und Alten und Unschuldigen vor denen bewahren, die rechtschaffenen Leuten übel mitspielen. Mit Höllenflammen soll ihre gelbe Pelle gesengt werden, am Himmelstor soll Petrus sie abweisen, wenn sie Einlass begehren, hundert Jahre sollen sie erst im Fegefeuer schmoren.« Mit dem Rosenkranz in der Hand bekreuzigte sie sich und wäre mit ihren Verwünschungen sicher fortgefahren, hätte mein Freund nicht die Finger auf die Lippen gelegt und ihr bedeutet, dass der Abend langsam heranzog und der Nachhauseweg lang war.

»Der junge Mann wohnt hier in der Stadt«, erklärte er, »und er hat bestimmt noch andere Dinge zu erledigen.«

»Wie wär's mit dem hier?«, fragte er und zeigte auf einen Ganter.

»Nein, nein, nicht der«, erwiderte sie eifrig, »das ist ein altesTier, den hab ich nur wegen der anderen mitgenommen, dass sie unterwegs Ruhe halten. Aber da drüben in der Ecke der, das ist ein schöner junger Gänserich.« Sie überschlug sich fast. »Der ist genau richtig, hab ihn früh erst aus dem Stall geholt.«

»Meinst du den Burschen hier?«, fragte mein Freund und nahm ein riesiges, zischendes Vieh hoch, damit ich es besser sehen und begutachten konnte.

»Nein, ist der schwer!«, rief er überschwenglich, »und so jung und zart! Wie viel verlangst du für den?«

»Nicht der, der ist unverkäuflich«, tat sie wichtig, »den hat schon der Polizeidirektor bestellt.«

»Trotzdem, wie viel soll der kosten?«

»Vier Schilling muss er mir schon bringen«, sagte sie zögernd. »Aber wenn, dann muss der gleich weg, ehe noch der Polizeidirektor kommt und zu Recht verlangt, was er ausbedungen hat.«

»Na dann, fackeln wir nicht lange!« Mein Freund streckte eine schmutzige Hand nach meinen Zweischillingstücken aus, und kaum waren sie in seine Pranke gewandert, hielt ich auch schon den Ganter in den Armen. Mein Beschützer geleitete mich auf Umwegen vom Markt, damit ich nicht unversehens im Kerker landete, wie er mir bedeutete. Die ganze Zeit hielt er vorsorglich nach dem Polizeimenschen und seinen Helfershelfern Ausschau.

»Ein Schnippchen schlagen wir ihnen, ein Schnippchen!«, rief er mehrmals, und das taten wir auch. Es dauerte nicht lange, und ich stand mit meinem mühsam erworbenen edlen Braten vor Maggie Sullivans Tür.

»Behüt uns Gott heut Abend«, brachte sie nur heraus, als sie den Vogel sah. Sie ging einen Schritt zurück, um meinen Kauf besser in Augenschein nehmen zu können.

»Der ist ja so alt wie ich«, jammerte sie, »wenn nicht

gar älter. Sieh doch bloß mal den abgewetzten Schnabel.« Sie rief ihren Mann herbei, und dann lamentierten beide herzzerreißend. Es blieb nichts weiter übrig, wir mussten zum Markt zurück, wollten die vier Shilling zurückverlangen und ein junges Tier erstehen. Ich führte Maggie und ihren Mann zu der Stelle, wo die alte Frau mit ihrem Karren gestanden hatte. Aber die war auf und davon. Wir suchten noch die anderen Ecken ab, doch auch das brachte nichts; denn all die alten Frauen, die wir dort sahen, waren in ihre Umschlagtücher gehüllt und hatten runzlige, unschuldige und vertrauenerweckende Gesichter. Nie und nimmer wäre man auf den Gedanken gekommen, dass auch nur eine von ihnen einem ahnungslosen Städter einen uralten Weihnachtsganter andrehen könnte.

Friedrich Wolf

Die Weihnachtsgans Auguste

Der Opernsänger Luitpold Löwenhaupt hatte bereits im November vorsorglich eine fünf Kilo schwere Gans gekauft – eine Weihnachtsgans. Dieser respektable Vogel sollte den Festtisch verschönen. Gewiss, es waren schwere Zeiten. »Aber etwas muss man doch fürs Herze tun!«

Bei diesem Satz, den Löwenhaupt mit seiner tiefen Bassstimme mehrmals vor sich hin sprach, so dass es wie ein Donnerrollen sich anhörte, mit diesem Satz meinte der Sänger im Grunde etwas anderes. Während er mit seinen kräftigen Händen die Gans an sich drückte, verspürte er zugleich den Geruch von Rotkraut und Äpfeln in der Nase. Und immer wieder murmelte sein schwerer Bass den Satz durch den nebligen Novembertag: »Aber etwas muss man doch fürs Herze tun.«

Ein Hausvater, der eigenmächtig etwas für den Haushalt eingekauft hat, verliert, sobald er seiner Wohnung sich nähert, mehr und mehr den Mut. Er ist zu Haus schutzlos den Vorwürfen und dem Hohn seiner Hausgenossen preisgegeben, da er bestimmt unrichtig und zu teuer eingekauft hat. Doch in diesem Falle erntete Vater Löwenhaupt überraschend hohes Lob. Mutter Löwenhaupt fand die Gans fett, gewichtig und preiswert. Das Hausmädchen Theres lobte das schöne weiße Gefieder; sie stellte jedoch die Frage, wo das Tier bis Weihnachten sich aufhalten solle?

Die zwölfjährige Elli, die zehnjährige Gerda und das kleine Peterle – Löwenhaupts Kinder – sahen aber hier überhaupt kein Problem, da es ja noch das Bad und das Kinderzimmer gäbe und das Gänschen unbedingt Wasser brauche, sich zu reinigen. Die Eltern entschieden jedoch, dass die neue Hausgenossin im Allgemeinen in einer Kiste in dem kleinen warmen Kartoffelkeller ihr Quartier beziehen solle und dass die Kinder sie bei Tag eine Stunde lang draußen im Garten hüten dürften.

So war das Glück allgemein.

Anfangs befolgten die Kinder genau diese Anordnung der Eltern. Eines Abends aber begann das siebenjährige Peterle in seinem Bettchen zu klagen, dass »Gustje« – man hatte die Gans aus einem nicht erfindbaren Grunde Auguste genannt – bestimmt unten im

Keller friere. Seine Schwester Elli, der man im Schlafzimmer die Aufsicht über die beiden jüngeren Geschwister übertragen hatte, suchte das Brüderchen zu
beruhigen, dass Auguste ja ein dickes Daunengefieder
habe, das sie aufplustern könne wie eine Decke.

»Warum plustert sie es auf?«, fragte das Peterle.

»Ich sagte doch, dass es dann wie eine Decke ist.«

»Warum braucht Gustje denn eine Decke?«

»Mein Gott, weil sie dann nicht friert, du Dummer-
jan!«

»Also ist es doch kalt im Keller!«, sagte jetzt Gerda.

»Es ist kalt im Keller!«, echote Peterle und begann
gleich zu heulen. »Gustje friert! Ich will nicht, dass
Gustje friert. Ich hole Gustje herauf zu mir!«

Damit war er schon aus dem Bett und tapste zur Tür.
Die große Schwester Elli fing ihn ab und suchte ihn
wieder ins Bett zu tragen. Aber die jüngere Gerda kam
Peterle zu Hilfe. Peterle heulte: »Ich will zu Gustje!« Elli
schimpfte. Gerda entriss ihr den kleinen Bruder.

Mitten in dem Tumult erschien die Mutter. Peterle
wurde im Elternzimmer in das Bett der Mutter gelegt
und den Schwestern sofortige Ruhe anbefohlen.

Diese Nacht ging ohne weiteren Zwischenfall vorüber.

Doch am übernächsten Tage hatten sich Gerda und Peter,
der wieder im Kinderzimmer schlief, verständigt. Ab-

wechselnd blieb immer einer der beiden wach und weckte den andern. Als nun die ältere Schwester Elli schlief und im Haus alles stille schien, schlichen die zwei auf den nackten Zehenspitzen in den Keller, holten die Gans Auguste aus ihrer Kiste, in der sie auf Lappen und Sägespänen lag, und trugen sie leise hinauf in ihr Zimmer. Bisher war Auguste recht verschlafen gewesen und hatte bloß etwas geschnattert wie: »Lat mi in Ruh, lat mi in Ruh!«

Aber plötzlich fing sie laut an zu schreien: »Ick will in min Truh, ick will in min Truh!«

Schon gingen überall die Türen auf.

Die Mutter kam hervorgestürzt. Theres, das Hausmädchen, rannte von ihrer Kammer her die Stiegen hinunter. Auch die zwölfjährige Elli war aufgewacht, aus ihrem Bett gesprungen und schaute durch den Türspalt. Die kleine Gerda aber hatte in ihrem Schreck die Gans losgelassen, und jetzt flatterte und schnatterte Auguste im Treppenhaus umher. (Ein Glück, dass der Vater noch nicht zu Hause war!) Bei der nun einsetzenden Jagd durch das Treppenhaus und die Korridore verlor Auguste, bis man sie eingefangen hatte, eine Anzahl Federn. Die atemlose Theres schlug sie in eine Decke, woraus sie nunmehr ununterbrochen schimpfte:

> »Lat mi in Ruh, lat mi in Ruh
> Ick will in min Truh!«

Und da begann auch noch das Peterle zu heulen: »Ich will Gustje haben! Gustje soll mit mir schlafen!«

Die Mutter, die ihn ins Bett legte, suchte ihm zu erklären, dass die Gans jetzt wieder in ihre Kiste in den Keller müsse.

»Warum muss sie denn in den Keller?«, fragte Peterle.

»Weil eine Gans nicht im Bett schlafen kann.«

»Warum kann denn Gustje nicht im Bett schlafen?«

»Im Bett schlafen nur Menschen; und jetzt sei still und mach die Augen zu!«

Die Mutter war schon an der Tür, da heulte Peterle wieder los:

»Warum schlafen nur Menschen im Bett? Gustje friert unten; Gustje soll oben schlafen.«

Als die Mutter sah, wie aufgeregt Peterle war und dass man ihn nicht beruhigen konnte, erlaubte sie, dass man die Kiste aus dem Keller heraufholte und neben Peterles Bett stellte. Und siehe da, während Auguste droben in der Kiste noch vor sich hin schnatterte:

»Lat man gut sin, lat man gut sin,
Hauptsach, dat ick in min Truh bin!«

schliefen auch das Peterle und seine Geschwister ein.

Natürlich konnte man jetzt Auguste nicht wieder in den Keller bringen, zumal die Nächte immer kälter wurden, weil es schon mächtig auf Weihnachten ging.

Auch benahm sich die Gans außerordentlich manierlich. Bei Tag ging sie mit Peterle spazieren und hielt sich getreulich an seiner Seite wie ein guter Kamerad, wobei sie ihren Kopf stolz hoch trug und ihren kleinen Freund mit ihrem Geplapper aufs Beste unterhielt. Sie erzählte dem Peterle, wie man die verschiedenen schmackhaften oder bitteren Gräser und Kräuter unterscheiden könne, wie ihre Geschwister – die Wildgänse – im Herbst nach Süden in wärmere Länder zögen und wie umgekehrt die Schneegänse sich am wohlsten in Eisgegenden fühlten. So viel konnte Auguste dem Peterle erzählen; und auf all sein »Warum« und »Weshalb« antwortete sie gern und geduldig. Auch die anderen Kinder gewöhnten sich immer mehr an Auguste. Peterle aber liebte seine Gustje so, dass beide schier unzertrennlich wurden. So kam es, dass eines Abends, als Peterle vom Bett aus noch ein paar Fragen an Gustje richtete, diese zu ihrem Freund einfach ins Bett schlüpfte, um sich leiser und ungestörter mit ihm unterhalten zu können. Elli und Gerda gönnten dem Brüderchen die Freude.

Am frühen Morgen aber, als die Kinder noch schliefen, hopste Auguste wieder in ihre Kiste am Boden, steckte ihren Kopf unter die weißen Flügel und tat, als sei nichts geschehen.

Doch das Weihnachtsfest rückte näher und näher. Eines Mittags meinte der Sänger Löwenhaupt plötzlich zu seiner Frau, dass es nun mit Auguste »so weit wäre«. Mutter Löwenhaupt machte ihrem Mann erschrocken ein Zeichen, in Gegenwart der Kinder zu schweigen.

Nach Tisch, als der Sänger Luitpold Löwenhaupt mit seiner Frau allein war, fragte er sie, was das seltsame Gebaren zu bedeuten habe? Und nun erzählte Mutter Löwenhaupt, wie sehr sich die Kinder – vor allem Peterle – an Auguste, die Gans, gewöhnt hätten und dass es ganz unmöglich sei …

»Was ist unmöglich?«, fragte Vater Löwenhaupt.

Die Mutter schwieg und sah ihn nur an.

»Ach so!«, grollte Vater Löwenhaupt. »Ihr glaubt, ich habe die Gans als Spielzeug für die Kinder gekauft? Ein nettes Spielzeug! Und ich? Was wird aus mir?!«

»Aber Luitpold, verstehe doch!«, suchte die Mutter ihn zu beschwichtigen.

»Natürlich, ich verstehe ja schon!«, zürnte der Vater. »Ich muss wie stets hintenanstehn!« Und als habe diese furchtbare Feststellung seine sämtlichen Energien entfesselt, donnerte er jetzt los: »Die Gans kommt auf den Weihnachtstisch mit Rotkraut und gedünsteten Äpfeln! Dazu wurde sie gekauft! Und basta!«

Eine Tür knallte zu.

Die Mutter wusste, dass in diesem Stadium mit einem

Mann und dazu noch einem Opernsänger nichts anzufangen war. Sie setzte sich in ihr Zimmer über eine Näharbeit und vergoss ein paar Tränen. Dann beriet sie mit ihrer Hausgehilfin Theres, was zu tun sei, da bis Weihnachten nur noch eine Woche war. Sollte man eine andere, schon gerupfte und ausgenommene Gans kaufen? Doch dazu reichte das Haushaltungsgeld nicht. Aber was würde man, wenn die Gans Auguste nicht mehr da wäre, den Kindern sagen? Durfte man sie überhaupt belügen? Und wer im Haus würde es fertigbringen, Auguste ins Jenseits zu senden?

»Soll der Herr es selbst tun!«, schlug Theres vor.

Die Mutter fand diesen Rat nicht schlecht, zumal ihr Mann zu der Gans nur geringe persönliche Beziehungen hatte.

Als nun der Sänger Luitpold Löwenhaupt abends aus der Oper heimkam, wo er eine Heldenpartie gesungen hatte, und die Mutter ihm jenen Vorschlag machte, erwiderte er: »Oh, ihr Weibervolk! Wo ist der Vogel?«

Theres sollte leise die Gans herunterholen. Natürlich wachte Auguste auf und schrie sofort aus vollem Hals:

> »Ick will min Ruh, min Ruh,
> Lat mi in min Truh!«

Peterle und die Schwestern erwachten, es gab einen Höllenspektakel. Die Mutter weinte, Theres ließ die

Gans flattern; diese segelte hinunter in den Hausflur. Vater Löwenhaupt, der jetzt zeigen wollte, was ein echter Mann und Hausherr ist, rannte hinter Auguste her, trieb sie in die Ecke, griff mutig zu und holte aus der Küche einen Gegenstand. Während die Mutter die Kinder oben im Schlafzimmer hielt, ging der Vater mit der Gans in die entfernteste, dunkelste Gartenecke, um sein Werk zu vollbringen. Die Gans Auguste aber schrie Zeter und Mordio, indessen die Mutter und Theres lauschten, wann sie endgültig verstummen werde. Aber Auguste verstummte nicht, sondern schimpfte auch im Garten immerzu. Schließlich trat doch Stille ein. Der Mutter liefen die Tränen über die Wangen, und auch Peterle jammerte: »Wo ist meine Gustje? Wo ist Gustje?«

Jetzt knarrte drunten die Haustür. Die Mutter eilte hinunter. Vater Löwenhaupt stand mit schweißbedecktem Gesicht und wirrem Haar da ... doch ohne Auguste.

»Wo ist sie?«, fragte die Mutter.

Draußen im Garten hörte man jetzt wieder ein schnatterndes Schimpfen:

>»Ick will min Ruh, ick will min Ruh!
>Lat mi in min Truh!«

»Ich habe es nicht vermocht. Oh, dieser Schwanengesang!«, erklärte Vater Löwenhaupt.

Man brachte also die unbeschädigte Auguste wieder

hinauf zum Peterle, das ganz glücklich seine »Gustje« zu sich nahm und, sie streichelnd, einschlief.

Inzwischen brütete Vater Löwenhaupt, wie er dennoch seinen Willen durchsetzen könne, wenn auch auf möglichst schmerzlose Art. Er dachte und dachte nach, während er sich in bläulich graue Wolken dichten Zigarrenrauches hüllte. Plötzlich kam ihm die Erleuchtung. Am nächsten Tag mischte er der Gans Auguste in ihren Kartoffelbrei zehn aufgelöste Tabletten Veronal, eine Dosis, die ausreicht, einen erwachsenen Menschen in einen tödlichen Schlaf zu versetzen. Damit musste sich auch die Mutter einverstanden erklären.

Tatsächlich begann am folgenden Nachmittag die Gans Auguste nach ihrer Mahlzeit seltsam umherzutorkeln, wie eine Traumtänzerin von einem Bein auf das andere zu treten, mit den Flügeln dazu zu fächeln und schließlich nach einigen langsamen Kreiselbewegungen sich mitten auf dem Küchenboden hinzulegen und zu schlafen.

Vergebens versuchten die Kinder sie zu wecken. Auguste bewegte etwas die Flügel und rührte sich nicht mehr.

»Was tut Gustje?«, fragte das Peterle.

»Sie hält ihren Winterschlaf«, erklärte ihm Vater Löwenhaupt und wollte sich aus dem Staube machen.

Aber Peterle hielt den Vater fest. »Weshalb hält Gustje jetzt den Winterschlaf?«

»Sie muss sich ausruhen für den Frühling.« Doch Vater Löwenhaupt war es nicht wohl bei dem Examen. Er konnte seinem Söhnchen Peterle nicht in die Augen sehen. Auch die Mutter und das Hausmädchen Theres gingen den Kindern so viel wie möglich aus dem Wege.

Peterle trug seine bewegungslose Freundin Gustje zu sich hinauf in die kleine Kiste. Als die Kinder nun schliefen, holte Theres die Gans hinunter und begann sie – da Vater Löwenhaupt versicherte, die zehn Veronaltabletten würden einen Schwergewichtsboxer unweigerlich ins Jenseits befördert haben – Theres begann, wobei ihr die Tränen über die Wangen rollten, die Gans zu rupfen und sie dann in die Speisekammer zu legen. Als Vater Löwenhaupt seiner Frau »Gute Nacht« sagen wollte, stellte sie sich schlafend und antwortete nicht. Bei Nacht wachte er auf, weil er neben sich ein leises Schluchzen vernahm. Auch Theres schlief nicht; sie überlegte, was man den Kindern sagen werde. Zudem wusste sie nicht, hatte sie im Traum Auguste schnattern gehört:

>»Lat mi in Ruh, lat mi in Ruh!
> Ick will in min Truh!«

So kam der Morgen. Theres war als Erste in der Küche. Draußen fiel in dicken Flocken der Schnee.

Was war das? Träumte sie noch?

Aus der Speisekammer drang ein deutliches Geschnatter. Unmöglich! Wie Theres die Tür zur Kammer öffnete, tapste ihr schnatternd und schimpfend die gerupfte Auguste entgegen. Theres stieß einen Schrei aus; ihr zitterten die Knie. Auguste aber schimpfte:

>>Ick frier, als ob ick keen Federn nich hätt,
   Man trag mich gleich wieder in Peterles Bett!<<

Jetzt waren auch die Mutter und Vater Löwenhaupt erschienen. Der Vater bedeckte mit seinen Händen die Augen, als stünde da ein Gespenst.

Die Mutter aber sagte zu ihm: >>Was nun?<<

>>Einen Kognak! Einen starken Kaffee!<<, stöhnte der Vater und sank auf einen Stuhl.

>>Jetzt werde ich die Sache in die Hand nehmen!<<, erklärte die Mutter energisch. Sie ordnete an, dass Theres den Wäschekorb bringe und eine Wolldecke. Dann umhüllte sie die nackte frierende Gans mit der Decke, legte sie in den Korb und tat noch zwei Krüge mit heißem Wasser an beide Seiten.

Vater Löwenhaupt, der inzwischen zwei Kognaks hinuntergekippt hatte, erhob sich leise vom Stuhl, um aus der Küche zu verschwinden.

Doch die Mutter hielt ihn fest; sie befahl: »Gehe sofort in die Breite Straße und kaufe fünfhundert Gramm gute weiße Wolle!«

»Wieso Wolle?«

»Geh und frage nicht!«

Vater Löwenhaupt war noch so erschüttert, dass er nicht widersprach, seinen Hut und Überzieher nahm und eiligst das Haus verließ.

Schon nach einer Stunde saßen die Mutter und Theres im Wohnzimmer und begannen für Auguste aus weißer Wolle einen Pullover zu stricken. Am Nachmittag nach Schulschluss halfen ihnen die Töchter Elli und Gerda. Peterle aber durfte seine Gustje auf dem Schoß halten und ihr immer den neuen entstehenden Pullover, in den für die Flügel, den Hals, die Beine und den kleinen Sterz Öffnungen bleiben mussten, anprobieren helfen. Bereits am Abend war das Kunstwerk beendet.

Schnatternd und schimpfend, aber doch nicht mehr frierend stolzierte nun Auguste in ihrem wunderschönen weißen Wollkleid durchs Zimmer. Peterle sprang um sie herum und freute sich, dass Gustjes Winterschlaf so schnell zu Ende war, dass er wieder mit ihr spielen und sich unterhalten konnte. Auguste aber schimpfte:

»Winterschlaf ist schnacke-schnick;
Hätt ick min Federn bloß zurück!«

Als Vater Löwenhaupt zum Abendessen kam und
Auguste in ihrem schicken Pullover mit Rollkragen um
den langen Gänsehals dahertapsen sah, meinte er: »Sie
ist schöner als je! So ein Exemplar gibt es auf der ganzen
Welt nicht mehr!«

Die Mutter aber erwiderte hierauf nichts, sondern
sah ihn bloß an.

Natürlich musste man für Auguste noch einen zweiten Pullover stricken, diesmal einen graublauen, zum
Wechseln, wenn der weiße gewaschen wurde. Natürlich nahm Auguste als wesentliches Mitglied der Familie groß am Weihnachtsfest teil. Natürlich war Auguste
auch das am meisten bewunderte Lebewesen des ganzen Stadtteils, wenn Peterle mit der Weihnachtsgans in
ihrem schmucken Sweater spazieren ging.

Und als der Frühling kam, war der Auguste bereits wieder ein warmer Federflaum gewachsen. So konnte man
den Pullover mit den anderen Wintersachen einmotten.
Gustje aber durfte jetzt sogar beim Mittagstisch auf
dem Schoß von Peterle sitzen, wo sie ihr kleiner Freund
mit Kartoffelstückchen fütterte.

Sie war der Liebling der ganzen Familie. Und Vater

Löwenhaupt bemerkte immer wieder stolz: »Na, wer hat euch denn Auguste mitgebracht? Wer?«

Die Mutter sah ihn an und lächelte. Peterle jedoch echote: »Ja, wer hat Gustje uns mitgebracht«; und dabei sprang er gerührt auf und umarmte den Vater; dann hob er seine Gustje empor und ließ sie dem Vater »einen Kuss« geben, was bedeutete, dass Auguste den Vater Löwenhaupt schnatternd mit ihrem Schnabel an der Nase zwickte.

Spätabends im Bett aber fragt Peterle seine Gustje, indem er sie fest an sich drückt: »Warum hast du denn vor Weihnachten den Winterschlaf gehalten?«

Und Gustje antwortet schläfrig: »Weil man mir die Federn rupfen wollte.«

»Und warum wollte man dir die Federn rupfen?«

»Weil man mir dann einen Pullover stricken konnte«, gähnt Gustje, halb schon im Schlaf.

»Und warum wollte man dir denn einen Pullover ...« Aber da geht es auch bei Peterle nicht mehr weiter. Mit seiner Gustje im Arm ist er glücklich eingeschlafen.

Erwin Strittmatter

Ponyweihnacht

Kai, der Shetland-Fuchshengst mit der hellen Mähne, und Silva, die Fuchsschecke, sind unser Arbeitsgespann. Sie holen Brennholz aus dem Wald, trecken die Winterkohlen heran, und beim Pflügen des Gartenlandes flitzen sie mit dem kleinen Pflug unter den herabhängenden Obstbaumzweigen dahin.

Das Zwergenreich der Menschen ist eine Erfindung der Phantasie. Das Zwergenreich der Pferde gibt es. Ein Shetlandfohlen kann sich unter dem Küchentisch verstecken, wenn seine Mutter in die Küche kommt, um Hartbrot zu erbetteln.

Zuweilen fährt Meister Emil mit dem Arbeitsgespann in die kleine Nachbarstadt. Wenn die Shetländer vor ihrem rotberäderten Kastenwägelchen durch die Straßen trappeln, stockt der Verkehr. Der Volkspolizist mit der weißen Mütze bekommt glänzende Jungenaugen und wird nachsichtig. Verkäuferinnen kommen aus den Geschäften und bringen den Pferden Leckerbissen, und die Kurgäste kramen aufgesparten Kaffeezucker aus ihren Handtaschen. Meister Emil sitzt stolz auf dem Kutschbock und lässt seine Ponys bewundern, und es fällt auch ein bisschen Bewunderung für ihn ab. »Was fängst du mit so kleinen Pferden an?«, necken die Bauern.

»Der Hengst steht zu Hause im Glasschrank, und die Stute spielt Klavier.«

Fröhliches Gelächter hallt durch die Hauptstraße der kleinen Stadt. Manchmal lässt der Meister eine Schar sehnsüchtig blickender Kinder aufsitzen. Die Schulkinder füttern die Ponys zum Dank für die Fahrt mit übriggebliebenen Frühstücksbroten. Nirgendwohin laufen die Shetländer so schnell wie in die kleine Stadt. Die Leckerbissen locken.

Wenn die Wiesen noch nicht mit verharschtem Schnee bedeckt sind, weiden die kleinen Pferde frei hinterm Haus. Sie fressen dort die von den Kühen stehengelassenen Geilstellen ab und verschmähen auch Disteln und Brennnesseln nicht. Die Wiesen werden glatt wie eine Tenne, ein Vorteil beim Mähen im nächsten Jahr. Am frühen Abend kommen die Pferde nach Hause und erhalten Heu zum Nachtisch.

Die Wintertage wurden kürzer und kürzer, und es waren schon drei Fröste übers Land gegangen, das Gras schmeckte bitter, und die Ponys zogen suchend auf den

Wiesen umher. Am Abend waren sie verschwunden. Es war der Weihnachtsabend. Die Kinder warteten auf die Bescherung, und ich suchte die Ponys. Ich ritt kilometerweit, durchstöberte die Wiesenwinkel, durchsuchte Gebüsche und Schonungen und fand die Ausreißer nicht. Die Sterne funkelten grünlich, als ich, ohne die Pferde gefunden zu haben, nach Hause ritt, und ich öffnete das Hoftor, für den Fall, dass sie nachts heimkommen würden.

Es wurde ein unruhiger Weihnachtsabend. Immer wieder stockte das Spiel der Kinder. »Unsere Ponys, unsere Ponys, wo werden die sein?«

Ich war mehr draußen als in der Feststube, war im Hof, im Garten und am Waldrand, und ich wachte nachts auf, denn es war mir, als hätte ich Getrappel gehört. In der zweiten Nachthälfte begann es zu schneien, und am Morgen des ersten Weihnachtstages hatten wir prachtvollen Schlittenschnee, aber unsere Ponys hatten wir nicht. Der Schnee tröstete mich; nun würde ich die Spuren der Shetländer finden, aber soviel ich auch suchte und suchte, ich fand keine Spuren.

Gegen Mittag knatterte ein Motorrad heran. Ein vermummter Mann trat in die Küche. Er redete schnell und dadurch viel, und nach einer langen Einleitung fragte er, ob wir Ponys vermissten. – Ja, wir vermissten Ponys, ja, ja!

»Wie groß?«

Wir legten die Hände auf den Küchentisch. »So hoch.«

Gut, aber da wäre noch was.

»Ja, was denn?«

Es sei Weihnachten, das Fest der Liebe, der Mann hätte viel Arbeit mit den Ponys gehabt, zwanzig Mark Finderlohn je Tier!

Als wir ihm das Geld gaben, bemerkten wir, dass er schon kräftig nach dem Festschnaps der Liebe roch. Das Geld verschwand in seiner Hosentasche, und wir erfuhren, wo die Ponys waren:

Die Ausreißer suchten am Weihnachtsabend nach frostfreiem Gras, fanden keines, wanderten und wanderten, bis sich bei Kai und Silva, den Wagenpferden, das Fressgedächtnis einschaltete. Sie zogen in die kleine Stadt, und die anderen Stuten trotteten mit.

Die Stadtstraßen waren menschenleer. Auf dem Stadtplatz brannten die elektrischen Kerzen am städtischen Weihnachtsbaum. Die ponyfreundlichen Einwohner feierten in ihren Stuben. Die Pferde durchstreiften das Städtchen und verweilten vor allen Häusern, aus denen einmal etwas Fressbares für sie gebracht worden war. Enttäuscht beschnupperten sie das Fontane-Denkmal und scheuerten ihr Fell an der Ladentür des Gemüsekonsums, und gegen zehn Uhr verließen die erfolglosen

Bettler die Stadt. Für den Rückweg benutzten sie die Landstraße. Auch das hatte seinen Grund: Wenn Meister Emil Last auf dem Wagen hat, befährt auch er mit dem Gespann die gepflasterte Straße zum Dorf. Das Gedächtnis von Kai und Silva funktionierte ausgezeichnet.

An der Landstraße standen die Geräte- und Frühstücksbaracken für die Arbeiter einer großen Baustelle. Dort saß der Nachtwächter und tröstete sich für den ausgefallenen Weihnachtsabend mit einer Taschenflasche Wodka. Er langweilte sich und war froh, als er draußen Getrappel hörte. Die Hirsche ziehn, die Hirsche, dachte er, aber als der zottige Kopf des Hengstes im Lichtkreis des Wächterbudenfensters erschien, erschrak der Mann. Ein Wächter darf sich nicht fürchten. Er wird für Furchtlosigkeit bezahlt. Also überwand der Mann seine Furcht, nahm seinen Stock, ging hinaus und wunderte sich, weil ein Spielzeugpferd vor ihm stand. Er lockte den Hengst mit einem Stückchen Weihnachtsstollen an. Der Hengst nahm das Stollenstück und dankte brummelnd dafür. Da traten auch die Stuten aus dem Walddunkel, um nicht zu kurz zu kommen. Sechs Ponys umlagerten die Wächterbude und scharrten bettelnd mit den Vorderhufen.

In diesem Augenblick erkannte der Wächter die VERDIENSTVOLLE Seite dieser Weihnachtsüberraschung. Er packte den Hengst und führte ihn in die Kantine der Bauarbeiter. Die Stuten zogen sich indes in den Wald zurück, und der Wächter verbrachte einen Teil der Nacht, sie einzufangen.

Die Kantine war weihnachtlich geschmückt: Der Weihnachtsbaum auf einem Schemel, Tannenzweige an den Wänden, weiße Papierdecken auf den Kiefernholztischen, leere Flaschen auf den Papierdecken und hin und her ein Krümchen vom Weihnachtsmahl.

Die Ponys knabberten an den Papierdecken, lasen die Krumen von der Festmahlzeit auf, fraßen den Wandschmuck und schließlich den Weihnachtsbaum mit den Stearinkerzen.

Es blieb dem Wächter nichts übrig, als Stricke zu suchen und die Ponys einzeln an die Barackenstützpfeiler zu binden, aber sofort ergab sich ein anderes Problem, denn Ponys fressen nicht nur. Obwohl der Wächter weihnachtlich gestimmt war und an die Krippen-Esel in aller Welt denken mochte, konnte er nicht zulassen, dass aus der Kantine ein regelrechter Weihnachtsstall wurde. Immerhin konnte der Aufseher plötzlich erscheinen, wer kennt die Launen von Vorgesetzten? Der Wächter verbrachte den Rest der Nacht mit dem Aufschaufeln und Heraustragen zierlicher Rossäpfel, stellte jedoch fest, dass Pferde nicht nur misten. Er musste auch wischen. Wirklich ein heiliger Heiligabend.

Morgens kam die Ablösung des Wächters, und der Mann wusste, wohin die Ponys gehörten.

Ich machte mich mit zwei meiner Söhne auf den Weg: Sieben Kilometer in die Stadt, sieben Kilometer zurück – ein ausgiebiger Weihnachtsspaziergang.

Als wir die Kantinentür öffneten, begrüßte uns der Hengst mit einem jubelartigen Wiedersehnsgewieher. Hinter den Ponys lag wieder je ein Häufchen Mist. »Ich glaube, Sie müssten ganz und gar noch was zum Finderlohn zulegen«, sagte der Wächter.

Wir versuchten ihm vergeblich zu erklären, dass die Ponys nach Hause gekommen wären, wenn er sie nicht aufgehalten hätte. Nein, er betrachtete sich als Retter der Pferde, und wir ließen ihm die Ehre und legten noch einen Geldschein auf seine Hand.

Eingehüllt ins Getrappel von vierundzwanzig Ponyhufen, zogen wir heim, und am Abend feierten wir erst richtig Weihnachten. Seither heißt's bei unseren Kindern: Unsere Ponys machen uns alles, dem Vater Geschichten und uns sogar zweimal Weihnachten.

Oskar Maria Graf

Die Weihnachtsgans

Eine wahre Geschichte

Am Weihnachtssonntag gegen Viertel nach zehn Uhr in der Frühe ereignete sich in einem Gässchen der Altstadt ein schier unglaublicher Vorfall: Leute, die vom Hochamt heimgingen und an dem Hause Nummer 18 vorüberkamen, glotzten urplötzlich in die Höhe, riefen jäh ein abgehacktes »Oho! Oho!«, blieben starr stehen, glotzten wiederum wortlos in die Höhe und bildeten im nächsten Augenblick einen heftig gestikulierenden Ring empörter Zeitgenossen.

»Also da hört sich doch schon alles auf! Also da-das ist –«, plärrte der Metzgermeister Heinnagl mit seiner krachenden Stimme, wurde aber von den keifenden Weibern überschrien. Der Lärm wurde immer ärger. Aus den Fenstern, rechts und links, reckten sich die Köpfe. Endlich kam ein Schutzmann im Eilschritt daher. Der Ring auf dem Pflaster zerteilte sich.

Was war eigentlich geschehen? Kurz gesagt das: Jemand aus dem Hause Nummer 18 hatte eine wunderbar gerupfte, bratenfertige Gans aus dem Fenster geschmissen. Die lag jetzt, aufgeplatzt und leicht ramponiert, auf dem Pflaster.

Eine Gans notabene, die, wie der Schutzmann in schneller Prüfung feststellte, absolut frisch, wunderbar zart und zum Anbeißen appetitlich war!

Eine solche Kostbarkeit zu so einer Zeit wie der heutigen, wo Tausende elendiglich hungern müssen – die hatte jemand, ganz frech, direkt aufreizend, auf die Gasse –

Der Schutzmann packte kurzerhand die nackte Gans an den zusammengebundenen Schenkeln und trat martialisch in das Haus Nummer 18. An jeder Tür das Gleiche: »Ist die Gans von Ihnen? Haben Sie? –«, fragte der Schutzmann. Die Leute hinter ihm schauten mit Fangaugen und wahren Lynchgelüsten auf die in der Tür Auftauchenden.

»Wir? Ausgeschlossen! Nein!«, war die jedesmalige Antwort, und alsdann flog die Tür zu, und das grollende Schimpfen stieg höher. Parterre konnte es nicht gewesen sein, im ersten Stock, beim Steuerschreiber Wengerl, gab es ausnahmsweise Schweinsbraten, im zweiten Stock, beim Zigarrenhändler Aubichler, roch man schon von weitem das Kraut, im dritten Stock? –

»Wohnt denn da überhaupts noch wer droben?«,

fragte der Schutzmann und schaute an den muffigen, dunklen, rissigen Wänden hoch.

»Jaja, wohnen schon, aber von dem wirds sicher nicht sein ... Der is ja schon drei Jahr arbeitslos«, gab der Aubichler Auskunft. Schon wollte der Schutzmann unverrichteter Dinge gehen, gab sich aber plötzlich doch einen Ruck und stieg ganz hinauf zum verwahrlosten Speicherbereich. Rechts eine Tür, drauf eine bedruckte Pappendeckeltafel: »Betreten des Speichers mit offenem Licht verboten!« Und links eine. Kein Klingelknopf, kein Schild mit dem Namen des Inwohners.

Etwas benommen standen die rebellischen Menschen auf der Stiege. Der Wachtmeister klopfte einmal, klopfte zweimal, klopfte zum dritten Mal und sagte bassig, beamtenhaft barsch: »Aufmachen, Polizei!« In der Tür erschien ein völlig verschlampter, zaundürrer Mensch mit verhedderten Bartstoppeln, hohlen, finsteren Augen und einem Gesicht wie abgenagt.

»Gehört vielleicht Ihnen die Gans? Haben Sie –«, fragte der Wachtmeister bedeutend unsicherer und hielt die nackte Gans hin. Die hinter ihm Stehenden hielten glatt den Atem an, denn der Mann gab ohne Umschweife zu. »Ja, ich hab die Gans nuntergschmissn«, sagte er und bekräftigte noch einmal: »Jawohl, ich!« Sekundenlang blieb es stockstumm.

»Sie? ... Was, Sie?«, fasste sich der Wachtmeister als

Erster und bekam sofort eine steinerne Amtsmiene: »Was ist denn das für ein Unfug!« Er trat durch die Tür, und die Leute drängten nach. Zuerst kam ein dunkler, ganz schmaler, muffiger Gang. Der Wachtmeister riss eine Tür auf, und es wurde heller. Da war eine kalte, leere Mansarde mit schrägen Wänden und einem dickgefrorenen Fenster, durch welches nur ein spärliches Licht fiel. Auf der einen Seite stand eine durchgesackte Metallbettstelle, drauf lag ein undefinierbarer Berg von Lumpen. Neben dem Bett stand ein einziger Stuhl, auf dem sich ein dreckiger, voller Aschenbecher mit einer ausgerauchten Pfeife befand. Auf der anderen Seite des Raumes war ein zersprungener, niederer, runder eiserner Ofen, sonst gar nichts. Verkohlte Zeitungspapierfetzen, Tabakasche und abgebrannte Streichhölzer lagen auf dem Boden herum. Eine schmale Tür stand offen. Durch sie sah man in ein finsteres Loch, aus dem ein gleichmäßiges Wassertropfen drang.

»Wenn der Herr Wachtmeister sich vielleicht überzeugen wollen … Ich mein, wegn dem Tatbestand … Da drin, das ist meine Kuchl«, deutete der Mann auf die dunkle Tür. Noch spöttischer setzte er dazu: »Ist ja weiter nicht interessant … Gas abgsperrt, das Elektrische abgsperrt, aber das Wasser lauft noch … Ich hab leider kein Zündhölzl, aber bitte, Herr Wachtmeister, wenn Sie eins haben … Bitte …« Seine ironische Sicherheit und die unerwartet trostlose Umgebung machten den Wachtmeister und die Leute, die gefolgt waren, verlegen. Der Metzgermeister Heinnagl zündete ein Streichholz an. Alle reckten die Köpfe in das Loch von einer Kuchl. Gar nichts war drinnen als ein Ausguss mit einem tropfenden Wasserhahn, auf dem Boden ein verrosteter Spiritusapparat und eine aufgerissene Schachtel mit fettigem Papier. Ein schrecklicher Gestank nach Moder und Pisse herrschte in dem Loch.

»Hm, pfui Teufel!«, brummte der Heinnagl. Das abgebrannte Zündholz fiel ihm aus der Hand und verglomm auf dem Boden. Wieder stockte es.

»Woher haben Sie denn die Gans?«, wandte sich der Wachtmeister an den Inwohner, und der Mann verzog hämisch den Mund.

»Wo ich die her hab? ... Ja, ich bin dazugekommen wie die Jungfer zum Kind, Herr Wachtmeister ... Ganz unverhofft, sozusagen ... Weitschichtige Verwandte haben mir was Gutes antun wollen ... Vom Land draußn ... Grad vor einer Stund hat die Post das Packerl bracht ...« – »Hm, thm ... Recht seltsam, so was«, murmelten etliche. »Jaja, seltsam, nicht wahr? ... Komisch?«, wandte sich der Mann frech an die Leute: »Und was sollt ich jetzt eigentlich mit dem Viech machen? ... Mit jedem im Haus hab ich Feindschaft, der Hauswirt selber möcht mich schon seit einem Vierteljahr rausschmeißen ... Braten kann ich die Gans auch nicht, Holz hab ich keins, das Gas ist abgesperrt, und –«

»Aber da wirft man doch nicht die wertvolle Gans beim Fenster nunter! Das ist doch einfach aufreizend«, fiel ihm der Wachtmeister ins Wort und kam in ein gutmütigeres Poltern: »So was tut man doch nicht! Außerdem –« Er schien auf einen Gedanken gekommen zu sein: »Die Gans könnten Sie doch schließlich verkaufen oder sich wo braten lassen …«

»Verkaufen? … Hm, wem denn am zweiten Weihnachtssonntag? Jeder hat sich eingedeckt und – und ich hab keine Bekannten –«, meinte der Mensch mit dem Stoppelbart, aber schon sah er, wie etliche die Gans mit Kennerblicken musterten, wie die Augen rundum interessierter wurden. Der Wachtmeister erfasste ebenso schnell die Situation und wandte sich an die Umstehenden: »Will vielleicht jemand von den Herrschaften die Gans?«

»Billig!«, setzte der Besitzer dazu.

Schnüffelnd musterten die Leute die Beute. Ein wenig zögernd drängten sie sich heran, alsdann aber betappten sie die nackte, kalte Gans von allen Seiten.

»Ein fetts Bröckerl … Was solls denn kostn?«, fand der Metzgermeister Heinnagl als Erster das Wort. Er schob seine Hand unter die Gans und wog sie fachmännisch. »Fünf Mark meinetwegen«, sagte der Besitzer.

»Ich geb sechs … sechs sofort!«, mischte sich eine aufgedonnerte Frau ein. Durch das lange Verweilen der Leute angelockt, waren die Inwohner des Hauses in die Mansarde gekommen.

»Ich zahl sieben … Da, mein letzts Wort!«, rief der Zigarrenhändler Aubichler, und auf einmal wurde das Überbieten hurtiger.

»Acht, acht! Sofort!«, bot der Heinnagl. Der Aubichler wurde herzhafter und trat vor: »Herr Reger, ich will Ihnen was sagen … Mir sind doch Nachbarn … Sieben Mark fufzig, und für Sie soll auch was abfallen …« Er schnitt ein ungewohnt mildtätiges Gesicht. »Neun Mark, und mir muass ghörn!«, überschrie der Metzgermeister Heinnagl alle. »Dös is weit überzahlt, aber ich will mich net lumpn lassn … Sie solln sich auch an guatn Tag machn könna, Herr … Sechs Pfund wiegt die ganze Gans!«, redete er weiter.

»Sechs? … Nana, dö hot guat ihrerne siebn, acht Pfund!«, berichtigte die aufgedonnerte Frau und wurde ebenfalls freundlich: »Herr, wenn S wolln … Ich zahl Ihna siebn Mark, und mitessen könna S auch …«

»Zehn Mark, Herrgott! Dass a Ruah is! Da! Mir muass ghörn, dö Gans … Da, Herr Nachbar, da!«, streckte der Metzgermeister alle übertrumpfend den Zehnmarkschein hin und griff nach der Gans. Der Wachtmeister musste dünn lachen. Der Mansardenbewohner Reger sah auf den Geldschein und nickte.

»Da könna S Eahna einen guatn Tog macha, Herr Nachbar ... Ich bin net aso! Für an armer Menschn hob ich oiweil a guats Herz ghabt!« Mit diesen Worten schob der Metzgermeister die nackte Gans unter seinen Arm.

»Na, also ... Sehn S, es is ja alles gut gegangen«, schloss der Wachtmeister. Er wandte sich zum Gehen. Die Leute folgten.

»Dö wiegt gut seine zwölf Pfund«, konnte sich der Zigarrenhändler Aubichler nicht enthalten zu sagen. Aber das hörte niemand mehr. Die Tür flog zu, über die knarrenden Treppen tappten die ehemals so empörten Leute. Der Arbeitslose Reger tat sich auch wirklich einen guten Tag an und schrieb am andern Tag an seine mildtätigen Verwandten auf dem Land den wahrheitsgetreuen Sachverhalt. Die Spender der Gans, die Oberapothekerseheleute Querlinger in Aglfing, waren trotzdem empört.

»Da hast es wieder mit deiner Mildtätigkeit ... Lauter Lumpen, diese Burschen ... Was zessn wollns gar net, bloß Geld!«, grantelte der Oberapotheker seine Frau an. Sie schworen sich, nicht mehr auf die rührsamen Reden über die Winterhilfe, die das Radio jeden Tag daherschmetterte, zu hören.

Der Metzgermeister Heinnagl hingegen wog die Gans sofort daheim. Fast dreizehn Pfund war sie schwer. Er pfiff fast lüstern durch die Zähne. Und als er später das Prachtstück wohlig verzehrte – am trauten Familientisch – brach wirklich sein Herz durch.

»Herrgott, eine Not ist das, Zenzl! Eine solcherne Not ... Man macht sich gar keinen Begriff net«, beteuerte er. Seine Augen verschwammen dabei, er hielt mit beiden Händen den fetten Gansschenkel, rechts und links aus seinen Mundwinkeln rann der köstliche Saft.

Ludvik Askenazy

Der lebendige Weihnachtsbaum

Es war ein frostiger Tag, und ein durchgefrorener Vater suchte einen Weihnachtsbaum.

Aber im Wald war nichts mehr zu finden. Jetzt stand er da im Frost und ohne Weihnachtsbaum.

Da kam ein Hirsch auf ihn zu und sagte mit Menschenstimme:

»Ich weiß, du suchst einen Weihnachtsbaum, und ich will schon immer einer werden. Schau, mein Geweih. Es ist mit Moos überwachsen, es glitzert und riecht nach Tannennadeln.«

»Komm doch mit«, sagte der Vater. »Aber du darfst nichts verraten.«

»Ist doch klar«, sagte der Hirsch. »Nur möchte ich, dass der Stern auf der Spitze ganz golden ist, und viele farbige Kugeln möchte ich auch.«

»Kann ich auf dir auch Kerzen anzünden?«, fragte der Vater.

»Ja«, sagte der Hirsch. »Aber bitte vorsichtig mit Engelshaar.«

So nahm der Vater den Hirsch mit nach Hause und schmückte ihn ganz geheim, aber geschmackvoll.

»Röhren darfst du nicht«, sagte der Vater. »Als Weihnachtsbaum mußt du deine Schnauze halten.«

»Welcher Weihnachtsbaum röhrt schon?«, fragte der Hirsch entrüstet.

Die Kinder waren begeistert und riefen: »Also so ein Weihnachtsbaum! Der ist ja einmalig!«

»Der ist wirklich einmalig«, sagte der Vater und zwinkerte zum Hirsch. Der Hirsch zwinkerte zurück.

Später am Abend hörte man auf einmal vor den Fenster ein leises Röhren. Da wurde der Weihnachtsbaum unruhig, und dann röhrte er auch.

Die Kinder sagten: »Papi, der Weihnachtsbaum röhrt.«

»Was einem heutzutage als Weihnachtsbaum verkauft wird«, sagte der Vater. »Unglaublich.«

Da sagte der Weihnachtsbaum: »Entschuldigt bitte, aber mein bester Freund ist da.« Und er röhrte ganz wehmütig.

Dann ging er hinaus in die weiße Sternennacht. Die Kinder liefen ihm nach, weil ihnen der Weihnachtsbaum so gefiel.

Und der Weihnachtsbaum sagte: »Kommt mit in den

Wald, wo die Tiere feiern. Die brauchen auch einen Weihnachtsbaum.«

Und die Kinder gingen hinter den beiden Hirschen her bis zur Lichtung.

Da waren viele Tiere versammelt, die sich über den Weihnachtsbaum freuten. Der Weihnachtsbaum röhrte ein Lied, und die Tiere summten mit.

Und als Bescherung bekam jedes Tier eine goldene Nuss vom Weihnachtsbaum und einen Zimtstern.

Und das Licht auf der Lichtung war bläulich.

Hans Fallada

Lüttenweihnachten

*T*üchtig neblig heute«, sagte am 20. Dezember der Bauer Gierke ziellos über den Frühstückstisch hin. Es war eigentlich eine ziemlich sinnlose Bemerkung, jeder wusste auch so, dass Nebel war, denn der Leuchtturm von Arkona heulte schon die ganze Nacht mit seinem Nebelhorn wie ein Gespenst, das das Ängsten kriegt.

Wenn der Vater die Bemerkung trotzdem machte, so konnte sie nur eines bedeuten. »Neblig –?«, fragte gedehnt sein dreizehnjähriger Sohn Friedrich.

»Verlauf dich bloß nicht auf deinem Schulwege«, sagte Gierke und lachte.

Und nun wusste Friedrich genug, und auf seinem Zimmer steckte er schnell die Schulbücher aus dem Ranzen in die Kommode, lief in den Stellmacherschuppen und »borgte« sich eine kleine Axt und eine Handsäge. Dabei überlegte er: Den Franz von Gäbels nehm ich nicht mit, der kriegt Angst vor dem Rot-

voss. Aber Schöns Alwert und die Frieda Benthin.
Also los!

Wenn es für die Menschen Weihnachten gibt, so muss
es das Fest auch für die Tiere geben. Wenn für uns ein
Baum brennt, warum nicht für Pferde und Kühe, die
doch das ganze Jahr unsere Gefährten sind? In Baum-
garten jedenfalls feiern die Kinder vor dem Weihnachtsfest Lüttenweihnachten für die Tiere, und dass es
ein verbotenes Fest ist, von dem der Lehrer Beckmann
nichts wissen darf, erhöht seinen Reiz. Nun hat der
Lehrer Beckmann nicht nur körperlich einen Buckel,
sondern er kann auch sehr bösartig werden, wenn seine
Schüler etwas tun, was sie nicht sollen. Darum ist Vaters Wink mit dem nebligen Tag eine Sicherheit, dass
das Schulschwänzen heute jedenfalls von ihm nicht
allzu tragisch genommen wird.

Schule aber muss geschwänzt werden, denn wo bekommt man einen Weihnachtsbaum her? Den muss
man aus dem Staatsforst an der See oben stehlen, das
gehört zu Lüttenweihnachten. Und weil man beim
Stehlen erwischt werden kann und weil der Förster
Rotvoss ein schlimmer Mann ist, darum muss der Tag
neblig sein, sonst ist es zu gefährlich. Wie Rotvoss wirklich heißt, das wissen die Kinder nicht, aber er ist der
Förster und hat einen fuchsroten Vollbart, darum heißt
er Rotvoss.

Von ihm reden sie, als sie alle drei etwas aufgeregt über die Feldraine der See entgegenlaufen. Schöns Alwert weiß von einem Knecht, den hat Rotvoss an einen Baum gebunden und so lange mit der gestohlenen Fichte geschlagen, bis keine Nadeln mehr daran saßen. Und Frieda weiß bestimmt, dass er zwei Mädchen einen ganzen Tag lang im Holzschauer eingesperrt hat, erst als Heiligenabend vorbei war, ließ er sie wieder laufen.

Sicher ist, sie gehen zu einem großen Abenteuer, und dass der Nebel so dick ist, dass man keine drei Meter weit sehen kann, macht alles noch viel geheimnisvoller. Zuerst ist es ja sehr einfach: Die Raine auf der Baumgartener Feldmark kennen sie: Das ist Rothspracks Winterweizen, und dies ist die Lehmkuhle, aus der Müller Timm sein Vieh sommers tränkt.

Aber sie laufen weiter, immer weiter, sieben Kilometer sind es gut bis an die See, und nun fragt es sich, ob sie sich auch nicht verlaufen im Nebel. Da ist nun dieser Leuchtturm von Arkona, er heult mit seiner Sirene, dass es ein Grausen ist, aber es ist so seltsam, genau kriegt man nicht weg, von wo er heult. Manchmal bleiben sie stehen und lauschen. Sie beraten lange, und als sie weitergehen, fassen sie sich an den Händen, die Frieda in der Mitte. Das Land ist so seltsam still, wenn sie dicht an einer Weide vorbeikommen, verliert sie sich nach oben ganz in Rauch. Es tropft sachte von ihren Ästen, tausend Tropfen sitzen überall, nein, die See kann man noch nicht hören. Vielleicht ist sie ganz glatt, man weiß es nicht, heute ist Windstille.

Plötzlich bellt ein Hund in der Nähe, sie stehen still, und als sie dann zehn Schritte weitergehen, stoßen sie an eine Scheunenwand. Wo sie hingeraten sind, machen sie aus, als sie um eine Ecke spähen. Das ist Nagels Hof, sie erkennen ihn an den bunten Glaskugeln im Garten.

Sie sind zu weit rechts, sie laufen direkt auf den Leuchtturm zu, und dahin dürfen sie nicht, da ist kein Wald, da ist nur die steile, kahle Kreideküste. Sie stehen noch eine Weile vor dem Haus, auf dem Hof klappert einer mit Eimern, und ein Knecht pfeift im Stall: Es ist so heimlich! Kein Mensch kann sie sehen, das große Haus vor ihnen ist ja nur wie ein Schattenriss.

Sie laufen weiter, immer nach links, denn nun müssen sie auch vermeiden, zum alten Schulhaus zu kommen – das wäre so schlimm! Das alte Schulhaus ist gar kein Schulhaus mehr, was soll hier in der Gegend ein Schulhaus, wo keine Menschen leben – nur die paar weit verstreuten Höfe … Das Schulhaus besteht nur aus runtergebrannten Grundmauern, längst verwachsen, verfallen, aber im Sommer blüht hier herrlicher Flieder. Nur, dass ihn keiner pflückt. Denn dies ist ein böser

Platz, der letzte Schullehrer hat das Haus abgebrannt und sich aufgehängt. Friedrich Gierke will es nicht wahrhaben, sein Vater hat gesagt, das ist Quatsch, ein Altenteilhaus ist es mal gewesen. Und es ist gar nicht abgebrannt, sondern es hat leer gestanden, bis es verfiel. Darüber geraten die Kinder in großen Streit.

Ja, und das Nächste, dem sie nun begegnen, ist grade dies alte Haus. Mitten in ihrer Streiterei laufen sie grade darauf zu! Ein Wunder ist es in diesem Nebel. Die Jungens können's nicht lassen, drinnen ein bisschen zu stöbern, sie suchen etwas Verbranntes. Frieda steht abseits auf dem Feldrain und lockt mit ihrer hellen Stimme. Ganz nah, wie schräg über ihnen, heult der Turm, es ist schlimm anzuhören. Es setzt so langsam ein und schwillt und schwillt, und man denkt, der Ton kann gar nicht mehr voller werden, aber er nimmt immer mehr zu, bis das Herz sich ängstigt und der Atem nicht mehr will –: »Man darf nicht so hinhören ...«

Jetzt sind es höchstens noch zwanzig Minuten bis zum Wald. Alwert weiß sogar, was sie hier finden: erst einen Streifen hoher Kiefern, dann Fichten, große und kleine, eine ganze Wildnis, grade was sie brauchen, und dann kommen die Dünen und dann die See. Ja, nun beraten sie, während sie über einen Sturzacker wandern: erst der Baum oder erst die See? Klüger ist es, erst an die See, denn wenn sie mit dem Baum länger umherlaufen, kann sie Rotvoss doch erwischen, trotz des Nebels. Sind sie ohne Baum, kann er ihnen nichts sagen, obwohl er zu fragen fertigbringt, was Friedrich in seinem Ranzen hat. Also erst See, dann Baum.

Plötzlich sind sie im Wald. Erst dachten sie, es sei nur ein Grasstreifen hinter dem Sturzacker, und dann waren sie schon zwischen den Bäumen, und die standen enger und enger. Richtung? Ja, nun hört man doch das Meer, es donnert nicht grade, aber gestern ist Wind gewesen, es wird eine starke Dünung sein, auf die sie zulaufen.

Und nun seht, das ist nun doch der richtige Baum, den sie brauchen, eine Fichte, eben gewachsen, unten breit, ein Ast wie der andere, jedes Ende gesund – und oben so schlank, eine Spitze so hell, in diesem Jahre getrieben. Kein Gedanke, diesen Baum stehenzulassen, so einen finden sie nie wieder. Ach, sie sägen ihn ruchlos ab, sie bekommen ein schönes Lüttenweihnachten, das herrlichste im Dorf, und Posten stellen sie auch nicht aus. Warum soll Rotvoss grade hierherkommen? Der Waldstreifen ist über zwanzig Kilometer lang. Sie binden die Äste schön an den Stamm, und dann essen sie ihr Brot, und dann laden sie den Baum auf, und dann laufen sie weiter zum Meer.

Zum Meer muss man doch, wenn man ein Küstenmensch ist, selbst mit solchem Baum. Anderes Meer haben sie näher am Hof, aber das sind nur Bodden und Wieks. Dies hier ist richtiges Außenmeer, hier kommen die Wellen von weit, weit her, von Finnland oder von Schweden oder auch von Dänemark. Richtige Wellen ...

Also, sie laufen aus dem Wald über die Dünen.

Und nun stehen sie still.

Nein, das ist nicht mehr die Brandung allein, das ist ein seltsamer Laut, ein wehklagendes Schreien, ein endloses Flehen, tausendstimmig. Was ist es? Sie stehen und lauschen.

»Jung, Manning, das sind Gespenster!«

»Das sind die Ertrunkenen, die man nicht begraben hat.«

»Kommt, schnell nach Haus!«

Und darüber heult die Nebelsirene.

Seht, es sind kleine Menschentiere, Bauernkinder, voll von Spuk und Aberglauben, zu Haus wird noch besprochen, da wird gehext und blau gefärbt. Aber sie sind kleine Menschen, sie laden ihren Baum wieder auf und waten doch durch den Dünensand dem klagenden Geschrei entgegen, bis sie auf der letzten Höhe stehen, und –

Und was sie sehen, ist ein Stück Strand, ein Stück Meer. Hier über dem Wasser weht es ein wenig, der Nebel zieht in Fetzen, schließt sich, öffnet den Ausblick.

Und sie sehen die Wellen, grüngrau, wie sie umstürzen, weißschäumend draußen auf der äußersten Sandbank, näher tobend, brausend. Und sie sehen den Strand, mit Blöcken besät, und dazwischen lebt es, dazwischen schreit es, dazwischen watschelt es in Scharen …

»Die Wildgänse!«, sagen die Kinder. »Die Wildgänse –!«

Sie haben nur davon gehört, sie haben es noch nie gesehen, aber nun sehen sie es. Das sind die Gänsescharen, die zum offenen Wasser ziehen, die hier an der Küste Station machen, eine Nacht oder drei, um dann weiterzuziehen, nach Polen oder wer weiß wohin, Vater weiß es auch nicht. Da sind sie, die großen wilden Vögel, und sie schreien, und das Meer ist da und der Wind und der Nebel, und der Leuchtturm von Arkona heult, und die Kinder stehen da mit ihrem gemausten Tannenbaum und starren und lauschen und trinken es in sich ein –

Und plötzlich sehen sie noch etwas, und magisch verführt, gehen sie dem Wunder näher. Abseits, zwischen den hohen Steinblöcken, da steht ein Baum, eine Fichte wie die ihre, nur viel, viel höher, und sie ist besteckt mit Lichtern, und die Lichter flackern im leichten Windzug …

»Lüttenweihnachten«, flüstern die Kinder. »Lüttenweihnachten für die Wildgänse …«

Immer näher kommen sie, leise gehen sie, auf den Zehen – oh, dieses Wunder! – , und um den Felsblock biegen sie. Da ist der Baum vor ihnen in all seiner Pracht, und neben ihm steht ein Mann, die Büchse über der Schulter, ein roter Vollbart ...

»Ihr Schweinekerls!«, sagt der Förster, als er die drei mit der Fichte sieht.

Und dann schweigt er. Und auch die Kinder sagen nichts. Sie stehen und starren. Es sind kleine Bauerngesichter, sommersprossig, selbst jetzt im Winter, mit derben Nasen und einem festen Kinn, es sind Augen, die was in sich reinsehen. Immerhin, denkt der Förster, haben sie mich auch erwischt beim Lüttenweihnachten. Und der Pastor sagt, es sind Heidentücken. Aber was soll man denn machen, wenn die Gänse so schreien und der Nebel so dick ist und die Welt so eng und so weit und Weihnachten vor der Tür ... Was soll man da machen ...?

Man soll einen Vertrag machen auf ewiges Stillschweigen, und die Kinder wissen ja nun, dass der gefürchtete Rotvoss nicht so schlimm ist, wie sich die Leute erzählen.

Ja, da stehen sie nun: ein Mann, zwei Jungen, ein Mädel. Die Kerzen flackern am Baum, und ab und zu geht auch eine aus. Die Gänse schreien, und das Meer braust und rauscht. Die Sirene heult. Da stehen sie, es ist eine Art Versöhnungsfest, sogar auf die Tiere erstreckt, es ist Lüttenweihnachten. Man kann es feiern, wo man will, am Strande auch, und die Kinder werden es nachher in ihres Vaters Stall noch einmal feiern.

Und schließlich kann man hingehen und danach handeln. Die Kinder sind imstande und bringen es fertig, die Tiere nicht unnötig zu quälen und ein bisschen nett zu ihnen zu sein. Zuzutrauen ist ihnen das.

Das Ganze aber heißt Lüttenweihnachten und ist ein verbotenes Fest, der Lehrer Beckmann wird es ihnen morgen schon zeigen!

Herbert Rosendorfer

Der Weihnachtsdackel

Der 24. Dezember war in jenem Jahr, an das Besenrieders zeit ihres Lebens nur mit Schaudern zurückdenken, ein Freitag. Streng genommen hatte Günther Besenrieder – ein durch nichts sich von anderen Beamten unterscheidender Oberinspektor beim städtischen Eichamt – am Vormittag noch Dienst, aber das war kein echter Dienst, denn erstens: wer kommt am 24. Dezember ins Eichamt? Und zweitens: der Amtmann Grünauer hatte eine Bowle und Plätzchen von daheim mitgebracht und verfügte die Abhaltung einer Weihnachtsfeier. Jeder versuchte einen höflichen Schluck der von Frau Amtmann Grünauer liebevoll zubereiteten Bowle und besorgte sich dann heimlich ein Bier. Grünauer war beleidigt, als er die Bowle wieder mit heimnehmen musste, und wünschte nur: »Schönes Wochenende!« und nicht »Frohe Feiertage!«

Bei dem nachtragenden Amtmann verhieß das für

das Betriebsklima der nächsten Woche nichts Gutes, aber das war das Wenigste an den Turbulenzen dieser Tage, vor allem weil Besenrieder – was er naheliegender Weise noch nicht ahnte – nicht Gelegenheit hatte, an der grantigen Woche Grünauers zwischen den Weihnachtsfeiertagen und Silvester teilzunehmen. »Ich hätte Grünauers Grant gern in Kauf genommen, wenn ich das alles nicht hätte erleben müssen«, sagte Besenrieder später oft.

Gegen zwei Uhr kam Besenrieder heim. Frau Besenrieder hatte ihn um zwölf Uhr erwartet. »Und zwar nüchtern!«, sagte sie und fügte einen größeren Schwall Wörter hinzu: wie er sich das denke, ob sie alles allein machen solle, dass noch kein Baum geschmückt sei, dass man noch auf den Friedhof und zu den Eltern fahren müsse und dass die Kinder seit dem Aufwachen unausstehlich seien und das erste Mal kurz nach acht Uhr gefragt hätten, wann endlich das Christkind käme.

Besenrieder stellte seine Aktentasche auf das Vertiko im Flur.

»Du sollst nicht immer die Aktentasche auf das Vertiko stellen«, schrie Frau Besenrieder, »dass du dir das nicht merken kannst.«

Der kleinere Besenrieder-Knabe schaute aus dem Kinderzimmer und krächzte: »Kommt jetzt das Christkind?«

Besenrieder stellte die Aktentasche *unter* das Vertiko und sagte: »Es hilft nichts: ich muss noch einmal fort. Dein Weihnachtsgeschenk ...«

Frau Besenrieder stieß einen Schrei aus, heulte: »Ich werde wahnsinnig!« und rekapitulierte in rascher Folge, welche Katastrophen hauptsächlich durch Verschulden ihres Mannes in den vergangenen Jahren zu Weihnachten über die Familie hereingebrochen waren: damals, im ersten Ehejahr, wo Besenrieder nicht daran gedacht hatte, dass in dem jungen Hausstand noch kein Christbaumständer vorhanden war, und wo dann nichts anderes übrig geblieben war, als die obersten Zweige des Christbaums mit Reißnägeln an die Decke zu heften; und dann das Jahr, wo Besenrieder steif und fest behauptet hatte, der Christbaumverkauf ende am 24. um zwölf Uhr und man bekomme in den letzten Stunden die schönsten Bäume um eine Mark, und in Wirklichkeit endete der Christbaumverkauf am 23. abends, und Frau Besenrieder sei damals mit dem Auto 66 Kilometer kreuz und quer durch die Stadt gefahren, und um halb fünf Uhr am Heiligen Abend habe sie durch Zufall einen Großhändler in Waldperlach gefunden, der zufällig noch in seinem Geschäft war und grad mit seiner Sekretärin ein sehr zweideutiges Weihnachtsfest gefeiert habe; der Großhändler habe seine Hose unwillig zugeknöpft und ihr – Frau Besenrieder –, weil sie Tränen in den Augen gehabt habe, einen Krüppel von Fichte für vierzig Mark verkauft und das auch noch unter der Bedingung, dass sie zwei Steigen schon sehr weicher Tomaten – die Steige zu elf Mark – mit dazunahm, aus denen sie dann einen Tomatenauflauf gemacht habe, von dem der Familie noch zu Dreikönig schlecht war. Günther Besenrieder setzte sich still in die Wohnküche und rülpste.

Natürlich war es bei der Feier im Eichamt nicht bei der einen Flasche Bier geblieben. Aber eigentlich betrunken war Besenrieder nicht, nur flau war ihm im Magen. Das kam wahrscheinlich davon, dass er sich verpflichtet gefühlt hatte, wenn er schon nicht die Bowle trank, wenigstens die Plätzchen der Frau Amtmann Grünauer zu essen.

Nach einiger Zeit beruhigte sich Frau Besenrieder. Während Günther Besenrieder mit dem älteren Sohn den Baum aufstellte und schmückte, erledigte Frau Besenrieder mit dem jüngeren den Besuch bei ihren Eltern und am Friedhof, und als sie gegen vier Uhr zurückkam, war es schon dunkel, auf den Straßen war es ruhig geworden, leiser Schnee rieselte, aus manchen Fenstern schimmerten schon Kerzen, und Friede und Ruhe und der Duft von gebratenen Äpfeln senkten sich auf die Welt.

»So«, sagte Günther Besenrieder, gab seiner Frau

einen weihnachtlichen Kuss und ging. In längstens zwanzig Minuten, sagte er, sei er wieder da. Er müsse das Geschenk für seine Frau holen, ein sehr schönes, eigenartiges Geschenk, das seiner Art nach leider ungeeignet gewesen sei, in der Wohnung versteckt zu werden. Auch die Kinder, sagte Besenrieder, würden sich darüber freuen.

Im Stiegenhaus – das ist für die Geschichte nicht ohne Bedeutung – überholte Besenrieder das ältliche Ehepaar Astfeller aus dem Stock drüber. Astfellers schleppten Koffer und größere Pakete. Weihnachtlich weich half Besenrieder bis zur Haustür tragen, wo ein Taxi wartete. Besenrieder wünschte frohe Feiertage. Astfellers dankten und erwähnten, dass sie nach Bad Aibling zu ihrer dort verheirateten Tochter führen, um mit der und den Enkeln das Fest zu verbringen. Erst am Neujahrstag würden sie zurückkehren.

Als Besenrieder zwanzig Minuten später mit dem Dackel zurückkam, begegneten ihm die Eheleute Geist, die neben Besenrieders wohnten.

»Oh«, sagte Frau Bundesbahnexpedientin a. D. Geist, »haben Sie jetzt ein Hundchen? Oh, wie süß.«

»Das Weihnachtsgeschenk für meine Frau«, sagte Besenrieder.

»Lieb schaut er«, sagte Herr Bundesbahnexpedient a. D. Geist. Dann wünschte Besenrieder dem Ehepaar

Geist frohe Feiertage und erfuhr mit den Gegenwünschen, dass Geists die Feiertage bis Silvester bei ihrem Sohn in Deisenhofen zubringen wollten und dass es jetzt langsam pressiere, weil man doch, noch dazu wo es zu schneien angefangen habe und man nicht zu schnell fahren könne, eine gute halbe Stunde nach Deisenhofen hinaus brauche und weil man rechtzeitig zur Bescherung da sein wolle.

Günther Besenrieder hatte den Dackel – Adolar von Königsbrunn – nebst Stammbaum bereits in den ersten Dezembertagen in einer Tierhandlung erworben und bezahlt. »Aber es soll natürlich eine Überraschung für meine Frau werden«, hatte Besenrieder gesagt, worauf ihm der Tierhändler anbot, gegen einen bescheidenen Verköstigungssatz das Tier bis zum Heiligen Abend bei sich zu behalten. Besenrieder könne Adolar auch noch am Nachmittag dieses Tages abholen, er, der Tierhändler, habe keine Familie und hasse Weihnachten. Er sitze am 24. Dezember sicher bis sieben Uhr im Laden und mache den Jahresabschluss der Buchhaltung, das könne er, da in der Zeit von Weihnachten bis Silvester erfahrungsgemäß höchstens ein paar Mehlwürmer von Aquarienfreunden gekauft werden, und diese paar Mehlwürmer nehme er buchhalterisch und mehrwertsteuerlich ins neue Jahr hinüber. Übrigens sei der Käufer nicht verpflichtet, den Hund »Adolar« zu rufen. Der Hund höre nicht auf diesen Namen, auch nicht auf »von Königsbrunn«. In den seltensten Fällen würden die Hunde mit ihrem Namen aus dem Stammbaum gerufen. Für Dackel empfehle sich »Waldi« oder »Purzel«.

Besenrieder beschloss, die Rufnamensfrage seiner Frau zu überlassen, setzte den Hund vor der Wohnungstür auf den Boden und band ihm eine große rote Schleife aus Stoff um, mit Goldrand, wie man sie sonst für Weihnachtspakete verwendet. Dem Dackel war die Schleife unangenehm, und er versuchte sie durch Winden des Halses und Pfotenkratzen zu entfernen. Vielleicht, dachte Besenrieder, ist die Schleife zu eng. Er beugte sich nochmals zum Hund hinunter, fasste nach der Schleife, aber da knurrte der Dackel und bellte laut.

Das hörte Frau Besenrieder, machte die Tür auf, schlug die Hände über dem Kopf zusammen, rief: »Nein, wie niedlich.«

Die Kinder kamen gerannt. Besenrieder sagte: »Adolar heißt er, aber wir können ihn noch umtaufen.«

Der Dackel rannte in den Flur, rieb den Hals am Vertiko, warf es fast um und brachte es fertig, die Schleife vom Hals zu zerren.

Alle anderen Geschenke traten in ihrer Bedeutung hinter Adolar zurück. Selbst die Kerzen am Christbaum – was später, wie sich zeigte, förmlich lebensrettend war – wurden nach wenigen Minuten wieder ausgeblasen. Die Weihnachtssendung im Fernsehen wurde ausgeschaltet. Alle vier Besenrieders setzten sich auf den Boden und betrachteten den Dackel.

Der Dackel knurrte.

»Es ist ihm noch ungewohnt«, sagte der älteste Bub.

»Ist er stubenrein?«, fragte Frau Besenrieder.

»Selbstverständlich«, sagte Günther Besenrieder. Aber wahrscheinlich war die Erziehung des Dackels nicht davon ausgegangen, dass in der Stube, die ein Hund rein zu halten hat, ein Baum steht, nämlich der Christbaum, und er hob das Bein. Aber das war noch das Wenigste. Kurz darauf – Frau Besenrieder hatte einen Kübel und einen Putzlumpen geholt, um Adolars oder Waldis oder Purzels, je nachdem, Duftmarke aufzuwischen – schaute der Hund den kleineren der Besenrieder-Buben mit gesenktem Kopf von unten her an, knurrte nicht nur, sondern fletschte die Zähne.

Der Bub flüchtete zur Mutter. Die Mutter stellte den Kübel hin (ein Glück im Unglück, wie sich bald zeigte) und nahm den Buben hoch.

»Der Hund ist noch nicht an Kinder gewöhnt«, sagte Herr Besenrieder.

»Er spuckt Bier«, sagte der ältere Bub.

»Was?«

Adolar knurrte. Frau Besenrieder schrie auf: »Er hat

Schaum vor dem Mund.« Adolar kläffte kurz und heiser zum Buben auf Frau Besenrieders Arm hinauf. Frau Besenrieder flüchtete hinter den Christbaum: »Tu den Hund hinaus – Günther ... Günther ...!« Jetzt brüllte auch der größere Bub. Der Dackel drehte sich im Kreis und rollte die Augen. Frau Besenrieder stieg auf einen Sessel und sagte: »Er hat die Tollwut!«

»Unmöglich«, wollte Herr Besenrieder sagen und auf das Zertifikat verweisen, das er vom Tierhändler über die tadellose Gesundheit des Hundes bekommen hatte. Besenrieder kam aber nur bis »Unmö«, da fasste der Dackel ihn ins Auge und – es sei das Fürchterlichste in der ganzen Sache gewesen, erzählte Besenrieder später, als er nach der Scheidung wieder öfters im Gasthaus saß und die Geschichte des Abends zum Besten gab – und schielte. Der Dackel schielte wie ein Dämon, nahm einen Anlauf, raste auf Besenrieder zu. Besenrieder riss geistesgegenwärtig die Wohnzimmertür auf, sprang in die Höhe, der Dackel schoss unter ihm durch hinaus auf den Flur, Besenrieder schlug die Tür zu.

»Dreh den Schlüssel um!«, kreischte Frau Besenrieder.

»Er kann doch die Tür nicht aufmachen«, sagte Besenrieder.

»Dreh den Schlüssel um«, schrie Frau Besenrieder einen halben Ton höher.

Da drehte Herr Besenrieder den Schlüssel um, und die Belagerung hatte begonnen. Von weihnachtlicher Stimmung war natürlich keine Rede mehr.

»Wir müssen die Polizei anrufen«, sagte Frau Besenrieder.

»Wie denn?«, sagte Besenrieder, »das Telefon ist im Flur.«

Die Lebensmittel waren in der Küche. Zum Glück hatte Besenrieder den Christbaum üppig mit Fondants und Russischbrot geschmückt. Das half über die ersten Tage.

Klopfen an den Wänden war sinnlos. Besenrieder hatte ja gesehen, dass sowohl Astfellers als auch Geists verreist waren.

Sie schrien aus dem Fenster. Entweder hatten alle anderen Leute ihre Fenster fest verrammelt, oder der immer stärker fallende Schnee erstickte das Rufen, jedenfalls antwortete niemand.

Nur einmal zeigte sich im ersten Stock im Haus auf der gegenüberliegenden Straßenseite eine alte Frau. Besenrieder brüllte und winkte. Die alte Frau winkte zurück, öffnete sogar das Fenster einen Moment und schrie: »Danke – ebenfalls.«

Als die Fondants und das Russischbrot aufgegessen waren, aßen Besenrieders die Kerzen.

Der Hund – wie sich Besenrieder durch gelegentliche

kühne Spähblicke durch den Türspalt überzeugte – er-
nährte sich vom Teppich des Flurs und, nachdem er ihn
aufgefressen hatte, von zwei Paar Schuhen. Es schien
ihm nicht nur zu schmecken, sondern sogar zu bekommen. Herr Besenrieder hatte nach drei Tagen den Ein-
druck, der Dackel sei merklich gewachsen.

Hunger ist bekanntlich eher zu ertragen als Durst.
Im Wohnzimmer war kein Wasserhahn, aber zum
Glück war ja der Eimer Aufwischwasser da, und außerdem stand der Christbaum – damit er nicht so schnell
nadelte – in einer großen Schüssel mit Wasser.

Als das Wasser ausgetrunken war, musste man wohl
oder übel an die Spirituosen gehen, die in der Herren-
kommode verwahrt wurden. Die Familie trank im Lauf
der Tage drei Flaschen Wermut, eine Flasche Bourbon,
zwei Flaschen Scotch, eine Flasche Steinhäger und etliche Flaschen Wein aus. Das hatte den Vorteil, dass die
Kinder fast ständig schliefen und dass über Herrn und
Frau Besenrieder zeitweilig eine heitere Gelassenheit
kam. (Wovon der Dackel seinen Durst stillte, war un-
klar. Wahrscheinlich, vermutete der ältere Besenrieder-
Sohn, ist die Badezimmertür offen, und die Bestie
trinkt aus dem Klo.)

Trotz heiterer Gelassenheit waren die gruppendyna-
mischen Verhältnisse im Wohnzimmer verheerend. Herr
Besenrieder erfuhr im Lauf dieser Tage vielfach und in

Quellennachweis

Askenazy, Ludvik: Der lebendige Weihnachtsbaum. *Aus*: Ludvik Askenazy und Helme Heine: Du bist einmalig. Zehn zärtliche Geschichten. Copyright © 1996 Beltz & Gelbert in der Verlagsgruppe Beltz · Weinheim Basel.

Baum, Vicki: Der Weihnachtskarpfen. *Aus:* Dies.: Der Weihnachtskarpfen. Erzählungen. © Verlag Kiepenheuer & Witsch GmbH & Co. KG, Köln 1993.

Fallada, Hans: Der Gänsemord von Tütz. *Aus:* Ders.: Gute Krüseliner Wiese rechts. Hrsg. von Günter Caspar. Aufbau-Verlag Berlin und Weimar 1991.

Fallada, Hans: Lüttenweihnachten. *Aus:* Ders.: Gute Krüseliner Wiese rechts. Hrsg. von Günter Caspar. Aufbau-Verlag Berlin und Weimar 1991.

Graf, Oskar Maria: Die Weihnachtsgans. Eine wahre Geschichte. *Aus*: Ders.: Die Weihnachtsgans und andere Wintergeschichten. Herausgegeben von Ingrid Simson. © List Verlag in der Ullstein Buchverlage GmbH, Berlin 2004.

Janosch: Der Bär und der Vogel. *Aus:* Warten auf Weihnachten. Hrsg. von Barbara Homberg. Oetinger, Hamburg 1982. © Janosch film & medien AG, Berlin 2008.

Keane, John B.: Der Weihnachtsganter. *Aus:* Ders.: Prost Weihnachten! Irische Weihnachtsgeschichten. Aus dem Englischen von Irmhild und Otto Brandstädter. © Aufbau Verlag GmbH & Co. KG, Berlin 2012/ Titel der Originalausgabe: »A Christmas Surprise«. Copyright © 1999 by John B. Keane. All rights reserved. Reprinted by arrangement with Mercier Press Ltd.

Rosendorfer, Herbert: Der Weihnachtsdackel. *Aus:* Ders.: Die Frau seines Lebens und andere Geschichten. Copyright © 1985 by nymphenburger in der F. A. Herbig Verlagsbuchhandlung GmbH, München.

Strittmatter, Erwin: Der Weihnachtsmann in der Lumpenkiste. *Aus:* Ders.: 3/4 hundert Kleingeschichten.

Aufbau-Verlag, Berlin 1992. © Aufbau Verlag GmbH & Co. KG.

Strittmatter, Erwin: Ponyweihnacht. *Aus:* Ders.: 3/4 hundert Kleingeschichten. Aufbau-Verlag, Berlin 1992. © Aufbau Verlag GmbH & Co. KG.

Wolf, Friedrich: Die Weihnachtsgans Auguste. *Aus:* Ders.: Märchen und Tiergeschichten. Aufbau-Verlag, Berlin 1952. © Aufbau Verlag GmbH & Co. KG.

Charles Dickens
Es lebe die Weihnacht in all ihrer Pracht
Weihnachten mit Charles Dickens
160 Seiten. Gebunden
ISBN 978-3-351-03489-4
Auch als E-Book erhältlich

Das Fest mit Kobolden und dem Geist der Weihnacht

In seinen Geschichten erinnert sich Charles Dickens der Festtagsfreuden seiner Kindheit, erzählt von großen Familienfeiern in der Stadt und von abenteuerlichen Winterfahrten mit der Postkutsche über Land. Auf seine unnachahmliche humoristische Weise vergegenwärtigt er die Sehnsüchte, die sich mit dem Fest der Liebe, der Versöhnung und der Mitmenschlichkeit verbinden. Selbst Geister und Kobolde bietet er auf, damit sie den Hartherzigen in der Heiligen Nacht eine Lektion erteilen.

Regelmäßige Informationen erhalten Sie über unseren Newsletter. Jetzt anmelden unter: www.aufbau-verlag.de/newsletter

Theodor Storm
Und kerzenhelle wird die Nacht
Weihnachten mit Theodor Storm
144 Seiten. Gebunden
ISBN 978-3-351-03492-4
Auch als E-Book erhältlich

Weihnachten mit Theodor Storm

Die Weihnachtszeit war nicht nur für den Jungen, sondern auch später für den Ehemann und Vater einer großen Kinderschar alljährlich der Höhe- und Ruhepunkt eines wechselvollen Lebens. Ob in Husum, Potsdam, Heiligenstadt oder Hademarschen, immer verband Theodor Storm mit diesem Fest das Strahlen des reichgeschmückten Tannenbaums, die Freude der Bescherung mit all ihren Überraschungen und Glücksmomenten. In seinen Briefen lässt er Verwandte, Freunde und Dichterkollegen an den weihnachtlichen Vorbereitungen der ganzen Familie und dem Glanz des Heiligabends teilnehmen.

Regelmäßige Informationen erhalten Sie über unseren Newsletter. Jetzt anmelden unter: www.aufbau-verlag.de/newsletter